善品堂藏書·熊伯齊·篆

善品堂藏書

图书在版编目（CIP）数据

王蒙讲说《庄子》系列 / 王蒙著 .—北京：人民文学出版社，2014

ISBN 978-7-02-010571-7

Ⅰ.①王…　Ⅱ.①王…　Ⅲ.①道家②《庄子》—研究
Ⅳ.① B223.55

中国版本图书馆 CIP 数据核字（2014）第 163380 号

王蒙讲说《庄子》系列

著　者　王　蒙
责任编辑　杨　柳
策　划　善品堂藏书
出版发行　人民文学出版社
地　址　北京市东城区朝阳门内大街一六六号
邮　编　一〇〇七〇五
电　话　六五二二〇九六一
网　址　http://www.rw-cn.com
印　刷　北京市宏泰印刷有限公司
字　数　七〇二千字
印　张　一三三点七五
版　次　二〇一四年八月第一版第一次印刷
印　数　一〇〇〇套
定　价　一七六〇元（一函六册）

ISBN 978-7-02-010571-7

善品堂藏书

王蒙讲说

庄子系列

人民文学出版社

线装本序

在现代、后现代的元素弥漫飞扬，网络浏览挤压阅读，微信段子取代经典，视频音频的消费冲击着文字书页，达人秀、好声音批量地制造速成明星的时候，说说古典，出出线装，翻翻几千年几百年前的言语记述，其实是正当其时，恰恰可以弥补一下如今的浮躁与浅俗。

《老子》《庄子》《红楼梦》，这是真正中华文化的奇葩，是奇葩的原义，是惊人的智慧花朵，是至今仍然生动鲜活，令人拍案惊奇的文化瑰宝。

正当人们竞争得头破血流、手忙脚乱之时，读读无为而治的众妙之门，想想治大国如烹小鲜的惊世潇洒，说说无用之大用，叙叙鲲鹏展翅，槁木死灰，庖丁解牛，大匠运斤，螳臂当车的故事，再为宝玉黛玉，归我大荒的故事洒几滴辛酸之泪，从股票、利润、级别、名位的较量中解放那么一会子，回到人性人情人的智力心灵的审视中来，岂不正是吾辈梦寐以求的吗？

王蒙的主业是小说。但是我从小爱琢磨这些老书。我的期待是越过古汉语文字训诂的关隘，尽量使用专家前贤的注疏成果，踩在人家的肩膀上，复原古书著者的活泼、体温、现实性、生动性、针对性、牛气哄哄或哀意绵绵，用王的生命，去拥抱与激活李耳、庄周、曹雪芹以至宝玉、黛玉、空空道人等的生命，与他们交流，与他们共舞，与他们共寻中华文化的天机。

然后回到线装书的文质彬彬、柔可绕指、温婉如玉、芬芳四溢的氛围中来：读书不仅是读符号，也是读实体，是主体与客体的融合，是主体与客体的互相享受，是人与书的互动互赏互赞，是古与今的豪迈对谈。幸哉，大活人王某将古代的大活人老庄雪芹引到豪华线装的古典书厅里来，让我们一起发思古之幽情，让我们一起享文化之深厚，让我们发现在别的书里、别样的装帧里不可能发现的一个新世界。

王蒙，河北南皮人，一九三四年生于北京。一九五三年创作长篇小说《青春万岁》，一九五七年因小说《组织部来了个年轻人》被错划为右派，一九六三年起在新疆生活工作十六年，一九七九年调回北京。曾任《人民文学》主编、中国作家协会副主席、文化部部长、全国政协文史和学习委员会主任，中共中央委员、全国政协常委。王蒙的写作以文学为主，兼及思想文化、社会历史和古典文学研究阐释等领域，六十多年来出版、发表作品近两千万字。

如莲的喜悦（代序）

贾平凹

这里，我仅仅是以一个读者的身份，来说一下自己阅读王蒙先生关于《老子》《庄子》系列著作的感受，下面所说的内容也是阅读时随手写下来、记下来的东西——虽然这是一些读后感，却是非常真诚的。

王蒙先生说阅读《老子》《庄子》时有一种享受，我在读王蒙先生这些著作时则有一种喜悦，用佛教的话来讲就是『如莲的喜悦』。王蒙先生是一位伟大的中国作家，在一九七八年新时期文学全国优秀短篇小说颁奖时我第一次见到了他；几十年来，我一直在仰视着他，一直高看王蒙先生，认为他是一个能『贯通』的人，这样的人是少数。读他的大量文学作品时，我就觉得他的才华不仅仅是表现在文学方面，他的能量很大，气场很大，能做很多的事情（能当部长）。现在，在高龄之时他相继写出了《老子的帮助》《庄子的享受》等一系列有关传统文化和哲学方面的书，这是一种必然。这种修养不是在他停止创作转入文化研究时形成的，而是一直存在于其创作背后。这让我想起了当年读古人散文时的情景，觉得他们写得好，但找不到根源是什么。从先秦两汉时期到明清时期的那些散文大家的全集，我基本都读过，发现诗和散文只占他们作品的极少部分，而大量的都是谈天说地的文章，因为他们贯通天地，以奇笔写出的诗和散文就显得非常出彩了，散文仅是冰山一角。王蒙先生就和他们一样。二十多年前，他提出作家学者化，这种思想当然不是要求作家都去当学者，而是强调作家要有丰富的学养——也只有学养丰富的人才能说出那样的话。

以上就是我要说的第一点。

第二，《老子》和《庄子》是最难读的，难的不是文章之如何难读，而是其思想是一时难以领会的，它是随着读者的年龄和阅历的增长而逐渐被领悟的。我的体会是，《老子》和《庄子》是常读常新的，年轻时读和五十岁再读的感受是不一样的，去年读和今年读的感受也是不一样的。就好比说，人站在第一个台阶上能看见第二个和第三个台阶，却不易看见第八个或第十个台阶；一个人当科长时想着当处长，当了处长就想着当厅长，没有说一个科长一开始就想着当国家领导的。王蒙先生以他近八十岁的高龄和传奇的人生经历，写出了《老子的帮助》《庄子的享受》《庄子的快活》《庄子的奔腾》等一系列书，他是能领略老庄的真传的。这些著作是建立在他人生智慧经验基础之上的，所以说这些著作是靠得住的。

第三，人与人不同。如庄稼，麦子就是麦子，玉米就是玉米；人的区别在于能量，王蒙先生是大能量的人，大能量的人常常不可思议，我认为这些人都是上天派下来的，他的责任就是来指导芸芸众生。所谓栋梁之才，一座房子也就是那么几根柱子和一个梁子，当有了老子和庄子的时候，也就有了中国。严格地讲，王蒙先生不是在注经，而是在讲经。讲经者大都是国学的『高僧』。王羲之写出了《兰亭序》，后人都在模仿他、练习他，并且都成了大家，但各家有各家的风格。我读过南怀瑾说佛的一些书，也听过净空法师说佛，他们都是围绕佛经的大意而抒发自己生命的智慧。王蒙先生正是如此，他从自己传奇的人生经历出发，从一个伟大作家的角度讲老庄，讲得准确且生动。

第四，王蒙先生的小说和散文中的想象力特别丰富，激情充沛，潇洒自如；到了谈老庄依然思维开阔，元气淋漓，如水银泻地、泉水喷涌，令我惊叹不已。

第五，江山代有才人出。王蒙先生在高龄时期谈老子和庄子，这是必然的，也是他的使命，因为这个时代需要有人出来以另一种口吻说老庄，也可以说这个时代需要老庄以另一种面目出现。

第六，我读过一些印度哲人的书，印度这个民族为世人贡献出了许多智慧；王蒙也是这样的人，他基于《老子》和《庄子》来讲自己的智慧。所以，我在读王蒙先生这些著作时产生了这样的一个想法：王蒙先生可以不停地演讲，完全可以脱开经书讲自己的人生智慧，然后集成一书，或者平时由他的学生记录他的言论，像佛经一样开头都是『如是我闻』——能出这样一本书是多好啊！

王蒙先生的才能和能量是天生的，是不可效仿的，使我们作家同行汗颜或受启发。以我自己来讲，我的知识面太窄，阅读量太小，思考太浅；古人有一句话叫『读奇书，游名山，见伟人，以养浩然之气』，读《老子》《庄子》原著，读王蒙先生的这些著作，都是养我气息的因子啊！

（注：本文是以贾平凹先生在『王蒙与中国古典文学暨《庄子的享受》』学术研讨会上的发言修订而成。）

目录

目录

王蒙讲说《庄子》系列

前言

庄子是中国历史上的不二奇才。《庄子》一书，是世界上独一无二的奇书。它是哲学，当然；是散文，是神话，是寓言，是论文；是浪漫，是荒诞，是想象也是穷根究底；是抽象推演，也是奇论怪论。

庄子令一些人爱得沉迷，恨得顿足。读了《庄子》，你想与作者拥抱，你想与作者辩论，你想给作者磕头，你想干脆将之付之一炬。你会把伟大中华文化的可爱、可悲、可亲、可敬、可怜的相当一部分功罪归之于这位庄周先生。

而且那么多你不认识的字，那么多文句上的歧义，那么多解读兼支支吾吾，或者那么多解读等于吗也没有解，叫做小心翼翼，嗫嗫嚅嚅，用抠抠搜搜小鼻子小眼的心态解读大气磅礴天马行空的《庄子》……也许解释了一两个字，全句全篇却是愈解愈糊涂。

本人谈庄子并没有足够的知识准备，例如古汉语与中国古代史。我有的是不止一种文体的文学写作实践，是人生经验，包括在顺境中、特别是逆境中生活与思考的经验，是想象力与沟通的愿望与能力，是不无己意新意创意的阅读的生发——台湾喜欢用的词是『发酵』，叫做庄子两千多年后在老王身上发酵啦。与其说我是在注什么经，不如说我在认真阅读的同时找材料注我。恰好借题发挥，趁机谈庄是一，借庄谈人生谈生存环境谈老王是二，借庄谈哲学谈思想方法谈世界包括主观世界与客观大千世界是三，借庄谈我相对熟悉一点的文学文字是四，借庄与读者聊天自娱自慰自己扩张自己的精神世界是五……六七八呢？我先不告诉你，我永远不会全告诉你。

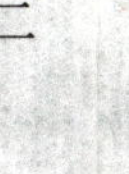

我用了中华书局出版的《诸子集成》第三册王先谦的《庄子集解》、中华书局版的陈鼓应的《庄子今注今译》、中华书局版的孙通海译注的《庄子》，还有线装书局版的《傅佩荣解读庄子》。我也参考了互联网上不同的《庄子》版本。遇有几个版本文字不同的，则按我的意思决定取舍。尽量用已有的特别是比较流行的众本之长，加上老王的选择，牛一点说，就是老王版。

庄子更多的是讲人生的选择与态度，不像老子，更多的是讲治国平天下的道理。庄子更文学而老子更政治。所以我觉得老子对人大有帮助，而读庄子实在是难得的精神享受。就一个庄生化蝶的故事，够你凄美地苦笑一生；鲲鹏的故事，则使渺小的你突然牛了一家伙，自我扩张了一回；还有浑沌的故事呢，这才够得上老子所说的『玄而又玄，众妙之门』；这是故事的巅峰、思辨的探底；大树大瓢的故事呢，迷茫之中有大解脱焉；藐姑射之山上的冰雪神女（虽然庄周没有明确表明他或她的性别），不知道包含了多少代中国知识人的隐秘的幻想与激情……

我希望我的『讲说《庄子》系列』对于《庄子》不是佛头着粪，而是差堪比翼，我的幻梦是落霞与孤鹜齐飞，秋水共长天一色，思辨直奔骑牛李耳，忽悠差及化蝶庄周！

还得说一句，内篇外篇、托作伪作以及是否被古代的整理者编辑者有意篡改，等等，大体少可奉告。我只能针对文本，有所臧否，有所指画，有所感慨以至于摇头摆尾，一唱三叹。有什么办法呢，老王实在没有考据方面的起码根底，只有请读者海涵啦。老王未能将文字文本变成学问，老王只想将学问变成人生的享受与华彩。

庄子的享受

逍遥游：伟大的展翅与逍遥的寝卧

一　逍遥的味道

由于《逍遥游》是《庄子》内篇的开宗明义第一章，更由于一上来所叙就很独特也很富有故事性、神怪性，《庄子》给人的第一个概念、第一印象是神奇的『逍遥』二字。不妨说，庄子一生论述的主旨就是指出通向逍遥之路，实现个人的与内心世界的超脱解放。享受庄子，首先就是享受这个关于逍遥的思维与幻想体系的别具风姿。『逍遥』，字典上的解释是闲适自得或优游自得。闲适与优游，说明它的前提是无事、无承担、无责任、无烦恼、无权利义务的契约束缚，即不处于尊卑上下、亲疏远近的人际网络之中。而自得，纯是主观感受，自己能乐、能取乐或自以为乐就行。《庄子》一书中对此点是翻过来掉过去地尽情发挥。这对于中国人尤其是中国读书人，特别是事功上、人世上、行为上受挫的读书人来说，非常受用，非常独特，又非常得趣。

不是说中国没有或者缺少『个人主义』的传统吗？『逍遥』其实个人得厉害，这是一种就个人的精神状态、就个人摆脱社会与群体（在庄子中一般称为『外』物）的观念束缚而言的逍遥，是内在精神世界的自由与独立。它不同于近现代西方式的，从社会—群体—个人的关系中强调个人的重要性的个人主义观念。中国的『逍遥』，是对于社会、群体已经形成的价值判断的主观摆脱至少是暂时遗忘。西方强调的自由、个人主义本身，则是一种价值认定和法制保证。

用浅显的话来说，西方近现代以来，至少在口头上与理念上，希望制定维护个人自由与个人主义的价值观的游戏规则，制定自由主义与个人主义的客观标准。他们闹腾的是：在号称尊重个人维护个人自由的基础上，咱们一块玩一把政治、社会、公司、家庭、个人的生活界定吧。

而庄子大呼小号的是：我不玩啦，我们不要玩啦，我不与群体不与国君、君权、儒墨道德规范什么的一块玩啦。实在玩上了，如后文所说，进了人间世了，应了帝王了，跑不掉啦，仍然是人在人间，心在太虚；人在帝王之侧，心在北溟南溟，心在九万里外，叫做抟扶摇而上，超凡脱俗，不受任何外物、任何价值观念、任何权力与舆论的干扰束缚。

于是乎，来了——叫做横空出世：

北溟有鱼，其名为鲲。鲲之大，不知其几千里也。化而为鸟，其名为鹏。鹏之背，不知其几千里也。怒而飞，其翼若垂天之云。是鸟也，海运则将徙于南溟。南溟者，天池也。

有一条大鱼生活在北海，大得以千里计（长与宽），叫做鲲。鱼变成了鸟，叫做鹏。鸟的背大得也是以千里计尺寸。鹏鸟激动起来，使起劲来，一来劲，飞翔升空，翅膀展开，就像一大片云朵垂挂中天。这样的鸟，不飞则已，一飞就飞向南溟，而南溟就是天池，不是新疆或吉林的天池，而是真正的天上天外之池。

实话实说，年轻时读《庄子》，印象最深的就是全书的这个开始。再读下去，古汉语的困难在所多多，也就读不下去了。这样的形象与叙述当然富有冲击力。让读者以渺小局促而享受巨大宏伟，以地面庸生而享受北溟南溟的波涛汹涌、深不见底；又以双腿行路一天很难走完百里的人子而享受九万里高空的勇敢与遥远；以五尺（有时小于五尺）高百十斤

体重而享受几千里长与阔的身躯。

总之，它享受的是浩瀚的海洋，是巡天的飞翔，是对于自身的突破，是灵魂突破肉身，是生命充溢宇宙，是思想突破实在，是无穷突破有限，是想象、扩展、尊严与力量突破人微言轻，身贱草芥，命薄如纸，被世俗看得扁扁的不可承受之轻。

可怜的人尤其是读书人啊，遭遇庄子，你才体会到了什么叫巨大，什么叫宏伟！精神胜利，精神胜利，不在精神上，你能在哪里得到有把握的与永远的胜利呢？春秋战国以来，你可能不为世用，蹉跎一生；你可能幸运一时，朝为座上客，而祸从天降，夕为阶下囚；你可能事与愿违，屡遭诬陷；你可能志大才疏运蹇，一辈子穷愁潦倒……再没有了绝对精神的绝对的无条件的胜利，你还能有什么呢？

这样的鲲鹏式的想象与传述其实充满了挑战，是惊世骇俗而不是韬光养晦，是气势逼人而不是随遇而安，是自我张扬而不是委曲求全。固然老庄并提已为历代读书人接受，但庄子的骄傲劲潇洒劲夸张劲逍遥劲一呼便出，他可不是人往低处走（一位学人这样概括老子的思想）的主儿。

其实老子也绝非善茬儿，他开宗明义上来就讲『道可道，非常道，名可名，非常名……玄而又玄，众妙之门』。其潜台词是我讲的高深玄妙，并不是一般智力平平者能理解、可以够得着的。他的为天地立心，为生民立命，为后人创绝学，为万世开太平的谱儿是毫不含糊的。

老子更像循天受命，像智库主宰，像圣徒，像大道的宣喻使节，也更像哲学家、祖师爷、战略家乃至于教主。

庄子更像文人、才子、著作家、思想家、雄辩家乃至诡辩家与想象力的巨匠。

同时，对于老庄来说，充分自信是真正谦卑的前提；高瞻远瞩是低调做人的前提；智力优越是忍辱负重的前提；宽宏视野是随遇而安的前提；明察秋毫是宜粗不宜细的前提；而鲲鹏之体之志之用之力之风度，是成为老黄牛、螺丝钉、小蚂蚁、一棵小草、形如槁木、心如死灰（如下文）的前提。

《齐谐》者，志怪者也。《谐》之言曰：『鹏之徙于南溟也，水击三千里，抟扶摇而上者九万里，去以六月息者也。』

《齐谐》一书，记录着各种异事。《齐谐》的说法是，鹏鸟向南溟迁徙，击水——水上一飞是三千里，高空一飞是九万里。（海空两用）一起飞就是六个月。

庄子的叙述总是那样潇洒自由。后人说，怒而飞，不但是大鹏的行为记叙，也是庄子的文风，叫做文采激扬，叫做势冲霄汉，叫做蓬勃万里，叫做雄风浩荡，当然也叫做高耸入云。

一上来就是鲲与鹏的横空出世。讲上四句话（四个句号）到了『南溟者，天池也』，故事已经讲完，再舒缓文气，想起了出处，叫做『《齐谐》者，志怪者也』，遂再次总结一遍，作平和转述状。这本《齐谐》是实有其书还是庄子杜撰，是纪实还是街谈巷议、小道消息、小品段子，对于二十一世纪的我辈已经没有意义。庄子借此表示自己言之有据（如兹后也动辄说到孔子子贡颜回一般），转一转口气，不要搞得一味语出惊人，则是达到了欲放还收，舒卷随心的效果。

然后更上一个台阶，借《谐》言，说是鹏鸟击水三千里，抟扶摇而上九万里。或说扶摇者龙卷风也，还是叫扶摇好听，形象、壮丽，极具动感。

野马也，尘埃也，生物之以息相吹也。天之苍苍，其正色邪？其远而无所至极邪？其视下也，亦若是则已矣。

且夫水之积也不厚，则其负大舟也无力。覆杯水于坳堂之上，则芥为之舟；置杯焉则胶，水浅而舟大也。风之积也不厚，则其负大翼也无力。

然后设想到六月之（气）息，或六个月一个航程，想到尘埃野马，春日氤氲，尤其是想到从九万里高空向下看也正如俗人之仰视苍穹。这可是极其超前的对于太空遨游时可能产生的感觉和视觉的想象。庄子喜欢研究自然界，喜欢从自然界找对象来走近大道，这不但是一个修辞学的尝试，也是一个科幻的尝试，可惜的是后人没有沿着科幻的路走下去。庄子描写大鹏从高空——九万里以上，按目前的说法，距地面一百公里以上就算进入了外层空间的底部，也就是从极高的外层空间向下看的所见。他甚至于设想起天空的颜色是否固有（正色）来。若是则已，就是这样吧，云云，则是庄子时期没有外层空间的活动所显示的有限见识。

再补充发挥到风之积累恰如造船的水之积累，要厚要多要满足数量的要求，才能承载大翅膀大鹏鸟如承载船舰。说是用一杯水倒在房舍里的洼地中，只能用一根小草作船只，而放一只杯子就会粘到地上，无法行进。这是在想象中进行的推论和观点延伸，显得恢宏、合理、完全。其实水浅了船会搁浅，这是对的，说水小了负舟无力，则不严谨，因为根据阿基米德原理，浮力等同于排水的吨位，与湖海的总水量无关，这是当年庄子未曾了解的。水太少了不行不是因为无浮力，而是因为它不够那个排水量。庄子对于自然界的了解多是想当然，但是他的想法入情入理。勇于虚构，同时认真地考虑细节，这正是小说艺术的特色之一。被伽利略发现的自由落体重力加速度的原理，也与日常人们想当

然的物体重了就下落快的想法不一致。可惜的是庄子推导事物的运动时，没有想到过可以通过实验检验校正。

庄子设想，必须有特强的风势，才能负载着大鹏飞翔向前。他设想，大鹏展翅时，大风就在鹏翼下边，大鹏鸟依靠着大风，背负着青天，飞翔在青天之上，这颇有些壮观。

庄子的用意不在于自然界的规律的科学性，而在于每一种自然现象都与大道相通，在于自然的道性。是的，宏伟、辽阔、高远、大言鸿论惊世都是可以的，关键在于你拥有的那点风那点水的积累有多大多厚多足，在于你有多少存货。如果只够浮一个芥子或芥草，却要做出不可一世的真理化身的姿态，虽然多方表演，作文化状，其实徒增笑柄罢了。

仅仅讲一个鲲——鹏，虽然气魄惊人，仍然是单向夸耀而未必能产生引人深思与耐人寻味的效果。思辨思辨，不但要思，而且要辩与辨，古文中，辨即辩。辩就是有了对立面，有了一生二，有了掂量比较与相生相克互证互斥互补，有了辩证逻辑的深化认识的作用了。

蜩与学鸠笑之曰：『我决起而飞，抢榆枋而止，时则不至而控于地而已矣，奚以之九万里而南为？』

适莽苍者，三飡而反，腹犹果然；适百里者，宿舂粮；适千里者，三月聚粮。之二虫又何知！小知不及大知，小年不及大年。奚以知其然也？朝菌不知晦朔，蟪蛄不知春秋，此小年也。楚之南有冥灵者，以五百岁为春，五百岁为秋；上古有大椿者，以八千岁为春，八千岁为秋，此大年也。而彭祖乃今以久特闻，众人匹之，不亦悲乎！

妙就妙在庄子说完了鲲鹏，立即以蜩和学鸠——蝉与斑鸠的口气嘲笑起鲲鹏来。这既有戏剧性又有思辨性。飞那

么远干吗？费那么大劲干吗？飞起来，碰上榆树就歇榆树枝，碰到檀树就歇檀树杈，不就结了？再飞不上去，下地跳一跳不就得了？

庄子有幽默也有打趣，也许不无刻薄。盖世人接受小小的蝉与斑鸠易，接受鲲与鹏难；接受鼠目寸光易，接受登高望远难；接受一二百米易，接受九万里太难。人们能够接受的是带上三顿饭走一趟郊野，回到家肚子犹然不饿；最多是舂一宵米作干粮用，跑上一百里地；又如何能理解用三个月的工夫准备千里长征的粮草呢？

那两个虫子（这里的虫子似指小动物，按今天的观点，蝉可以算昆虫，朝菌则是单细胞生物）又能知道个啥？小智低智当然够不着大智高智，短命者不知道什么叫长久长寿。朝菌（即早晨生长的蘑菇）不知道阴晴与朔望，蟪蛄（即寒蝉）不知道春与秋，它只能活一个夏季。它们是小年（即短命者）。楚国南部有一种大龟或大树，以五百年为一个春季，再以五百年为一个秋季。上古时代有一种大椿树，干脆以八千年为一个季节。而彭祖，至今以长寿而闻名于世。大家都愿意与他们相比肩，包括那两只虫子，岂不可悲！

如庄子所说的至人、圣人、真人、大知（智）、大年，是会给人以压迫感的。他们很难与俗人，与小知、小年得到沟通，亲密无间的。你太讲道德，会被认为是虚伪与无用。你太智慧，会被认为是老奸巨猾。你太超脱，会被认为是太拔尖儿，拒绝牺牲，拒绝成仁取义。你太清高，会被认为是沽名钓誉。你太执着，会被认为是抠死理儿、不切实际。你太慷慨大度，会被认为是迂阔空疏。你是鹏鸟腾飞，会被质问：『奚适哉？奚适哉？你到底要干什么，你到底要上哪儿？』

同时，反过来想，大知、大年者，鲲而鹏者，也常常不理解具体而微的、形而下的、难以上台面的、不被人重视而且常常是被污辱与被损害的小知、小年的关切与忧虑、艰难与辛酸。虽然他们不是晋惠帝司马衷，他们无意中也可能向饥民发出『何不食肉糜』（饥民们为何不喝肉粥）的白痴提问。想想看，扶摇而上九万里的大鹏，或深潜溟海的巨鲲，如何能关心那些小小的、站在或蹲在时而炎热时而冰冷的土地上的，低着头、弓着腰、胼手胝足的劳动者，或者尊敬与理解这些处于弱势的劳动者呢？

从另一个意义上说，按照齐物的观点，蝉可以看做是很大，鲲也可以看做蝌蚪一般，斑鸠也可以视如重型轰炸机，而鹏鸟也可以视如一只蚊子。这里显现了庄子的悖论：他既要齐物，不分大小长短久暂高低贵贱，一视同仁；他又硬是要作大小知（智）大小年（时间）之辨，要以鲲鹏的优越性傲视蝉与斑鸠。并且庄子无情少德地将生死寿命不够一天的朝菌（蘑菇），将寿命不到一年的蟪蛄（寒蝉）拿过来，与长寿的冥灵、还有什么大椿和彭祖相比。深明齐物之理即万物本无差别之理的庄周，为什么要做这样的斤斤区分与比较呢？

你读到蜩与学鸠嘲笑鹏鸟的这一段，能不为蜩鸠而摇头可怜吗？能不感到反讽的意思吗？与此同时你会不会也为鲲鹏的过高过大过远难以匹配而感到寂寞与疏离呢？你能毫不费力地一家伙认同鲲与鹏吗？你有高攀鲲鹏的胆量与本钱吗？真正认同了巨大的鲲与鹏，你又会将渺小如虫的人类置于何处呢？最后，你会不会对于庄子的大捧特捧鲲鹏与轻蔑地谈论小蝉之属而开始产生反感呢？

而面对鲲鹏，蝉鸠之属是必然会产生取向相反的嘲笑的，是完全可能生出敌意的，因为鲲鹏的存在对于蝉鸠等是一个压迫，是对于蝉鸠的渺小的一个提醒。如果众蜩众鸠与此后说到的朝菌、蟪蛄、斥鴳——池中小雀之属联合起来，

也许会做出消灭鲲鹏，消灭冥灵、大椿、彭祖的决议乃至行动。自然史也告诉我们，太巨大的动物，难以存活延续，例如恐龙。巨大是一种骄傲，也是一种危险。

所以在兹后的篇章中，庄子要讲解，小虫小鸟其实也很伟大幸福。小虫小鸟们完全有理由相信，你们一点也不比鲲鹏们差。

按下葫芦起了瓢，庄子也罢孔孟也罢，著文立论，谈何容易？

追求逍遥的努力导致了相当的困窘与尴尬。越是追求逍遥，越是遭遇了令你逍遥不起来的因素。这当中包含着几分悲哀、几分无奈、几分两难。是不是呢？

也许正是这样的论述，告诉我们，你不是追求大气概、大自在吗？好的，请做好准备，你将受到小鼻子小眼的庸众的嘲笑，置之不理，你就逍遥了。

再退一步，做不到绝对的逍遥要什么紧，知道『逍遥』两个字，已经有了目标，有了标杆，这是庄周的贡献，这是中华文化的奇葩，这是精神的升华与享受。

汤之问棘也是已。汤问棘曰：『上下四方有极乎？』棘曰：『无极之外，复无极也。穷发之北有冥海者，天池也。有鱼焉，其广数千里，未有知其修者，其名为鲲。有鸟焉，其名为鹏，背若太山，翼若垂天之云，抟扶摇羊角而上者九万里，绝云气，负青天，然后图南，且适南溟也。斥鴳笑之曰：「彼且奚适也？我腾跃而上，不过数仞而下，翱翔蓬蒿之间，此亦飞之至也。而彼且奚适也？」』此小大之辩也。

不到一千字的文字，庄子已经三次讲述了同一个故事，两次讲述了小虫小鸟对于鲲鹏的不解与嘲笑。大同而小异。这里汤问棘的说法中，不是鲲化为鹏，而是有鱼曰鲲，有鸟曰鹏。对鹏的描写与前文重复，这里不赘。对于斥鴳（即池雀）的腾跃而上，数仞而下，描写得活泼生动。它的飞翔与跳腾一下相差无几，不过是数丈之内，不过是穿行于蓬蒿之间，也就是说它的飞行高度，低于一丛大蒿子。小鸟重复说『彼且奚适』——它要上哪儿啊？显得大鹏与小雀难于沟通。庄子还明确地提出大小之辩（今宜作辨）来。这又成了庄子享受自身的牛气的证明了。

读书人总要牛气冲天那么一两下子的，越是不得志，越是受到俗人的冷遇，越要编出点故事词句，自我膨胀以求满足。

小大之辩？必须大够了火候，才能不玩世俗，不玩外物，不玩名利地位。但是只要一有辨有辩，就没了逍遥自适，何其要命也！

故夫知效一官，行比一乡，德合一君而徵一国者，其自视也亦若此矣。

不知道为什么，庄子多次嘲笑那些自己得意洋洋的小官僚小官吏（其实在俗世他们被认为是显赫的高官——大人物的），嘲笑那些能混上一顶乌纱帽，能投合一乡一里一块土地上的人的心意，能因其品格而得到国君的首肯，进而成为一个什么侯国的土土的人五人六的家伙。从他的『行比一乡』的说法中，联想到此前他对于鲲鹏的吹嘘，你不难看出庄子对于土的轻视与对于洋（北溟南溟）的向往来。庄子说，这种土土的人五人六，他们的见识不过是小蝉、斑鸠、朝菌、蟪蛄的水准罢了。

可以推测，莫非是庄子受过他心目中的小官小吏的气？庄子要在自己的言论中报复这些见识有限，挟权自重的土包子。

庄子是思想家，是幻想家，是文章家，是大师，他对于现世的俗人的形而下的东西，有一种高傲的轻蔑。

> 而宋荣子犹然笑之。且举世而誉之而不加劝，举世而非之而不加沮，定乎内外之分，辩乎荣辱之境，斯已矣。彼其于世未数数然也。虽然，犹有未树也。

说是高人宋荣子就嘲笑那些得意洋洋的地方小官吏。宋荣子可了不得。举世夸奖他，举世非议他，他都不放在眼里。他搞得定内外的区分，不受物议即外物的影响。他辨得清荣辱的处境的应对。他对世界，没有什么斤斤计较的追求。虽然如此，他仍然有待于提升，他仍然有做不到的地方。

庄子强调一个人要特立独行：举世夸赞，不足喜；举世反对，不足忧。这比老子的宠辱无惊说得还强烈，还掩盖不住火气。是不是他有过与公众对立的不愉快的经验呢？到了后世，到了北欧的易卜生那里，真正有远见的至人圣人，则被攻击为『国民公敌』矣。

庄子拿一个叫做什么宋荣子的例子说事儿。所谓定乎内外，辩乎荣辱，这里的含义并未发挥，与前文对照，定乎的主要是内，内力超常，才能不在乎举世的誉与非，同时定于外才能明于外，将外置之度外；于是能够物物而不物于物（主动地操控外物，而不为外物使役控制），不至于只能被动地迎合外物，常常难合外意，永远尴尬狼狈，捉摸不透命运。而辩荣辱，则恰恰在于不为举世的荣辱之论而干扰。数数然，写出了俗人的进退失据，得失无端的斤斤计较与嘀嘀咕咕。

一般人很难做到宋荣子这一步，谁能完全不受外物的影响？谁能完全做到『不以物喜，不以己悲』？（语出范仲淹《岳阳楼记》）谁能完全感觉不到异化、感觉不到个人与环境的疏离？人们其实也难以做到视外物如无物。中国人从俗的说法则是『岂能尽如人意？但求无愧我心』，这就算是降格以求的中庸之道了。

宋荣子够厉害的了吧？一句话，『犹有未树也』，五个字毫不费力地把宋荣子的标杆又超越了。

> 夫列子御风而行，泠然善也，旬有五日而后反。彼于致福者，未数数然也。此虽免乎行，犹有所待者也。若夫乘天地之正，而御六气之辩，以游无穷者，彼且恶乎待哉！故曰，至人无己，神人无功，圣人无名。

话说列子乘风出行，潇潇洒洒，出类拔萃，一走就是十天半个月。其实列子并没有吭哧吭哧地去练功去求福。他倒是不用在地上奔波了，但仍然要等待与依靠风的力量与自己的发力等才能飞行。如果不是这样，而是遵循天地的大道，运用六合即三维空间之气势，或运用阴阳风雨晦明之六气，游走于无穷之中（不只是十天半月了），那还有什么需要等待的呢？所以说，至人用不着惦记自身，神人用不着修练功法、用不着追求事功，而圣人呢，连名声也毫不在意，连思辨也无需进行。

超越了宋荣子的典型是列子，他能御风而行，当然是半仙之体。列子御风的故事同样说得简啬有余而展开不足。这里有一个精神上永远要更上一层楼的追求。列子御风，泠然善也，已经是超人境界、超人手段了，『犹有待也』四个字让你看到他的超越仍然是有条件的、有所待的，于是需要再次超越列子的标杆。前贤疏解《庄子》，一般认为『有

待』是指列子还要待风，其实不拘，也许还包括了待他的功力的发挥、待目的的选择，更可能是指他的境界仍然有提高的空间，是庄子有待于这样的境界的更上一层楼。总之列子御风还是有形与名的局限的，不是那么自然而然的。

而庄子要的只是天地之正、六气之辩（变），游于无穷——不游也全无所谓。懂了无穷，体悟到了无穷，就是逍遥之游喽！无穷才是根本，进入了无穷就是逍遥地游个不亦乐乎啦，才能真正地解放，真正地逍遥，真正地游——物物而不物于物，即使用外物，而不被外物使役；真正地主宰自身，优游自适。

或问，怎么样才能做到乘天地之正，御六气之变，以游无穷呢？在并无太空飞行的实践与理论的庄子时代只可以有一个回答：神游。你的一百多斤的身体虽然压在坠在地上，你的精神却完全可以逍遥遨游于无穷，也只有进入了无穷，神游无穷，得大自在，才能做到至人无己，不必为自我的俗利而操心费力。神人无功，不必刻意去做什么不做什么，进入化境，行云流水，万事如有神。圣人无名，自身的修养已入圣境，还要那个破名臭名虚名干啥？或者，『名』作概念与逻辑解，还费心费力地思想琢磨个啥？

庄子时代的科技当然不如两千年后，庄子时代的遨游也比不上两千年后的旅行，包括太空旅行，但是庄子时代的想象力呢？不一定比现时差，也有可能比现时还强一些。至少因为那个时候的诸子百家比现在的城乡在岗人员有时间胡思乱想，并有机会发表这样的胡思乱想。

庄子搞了个三级跳，先是说官僚们大臣们的土智土技土地位的可怜，宋荣子的懂得内外荣辱已经比他们高了一级，他们闹了半天不过是为外物所使役罢了，他们不过是外物的奴才工具。列子又比宋荣子高明一级了，御风而行，已经

比仅仅从知性上明了内外荣辱高明多了。庄子的理想呢？又比列子的御风而行高了一大块。风也不用御，自身与大道与天地已经合而为一，已经进入了无差别境界啦。

一味地讲神游，一味地在心上使劲，在神上使劲，这里又不无悲凉，不无阿Q，不无无奈，不无忽悠，不无恍兮惚兮，四顾茫茫，大荒而且无稽。这正是中华文化的魅力所在、安适所在，也是悲剧所在、沉痛所在。

你尝出点味儿来了吗？

二　追求超越，再超越

一方面是希望能够做到逍遥自在地畅游于无穷，一方面是对于种种世俗价值、世俗观念与个人欲望的极度蔑视与否定，高度张扬自己的与众不同、特立独行。这是庄子思想的主要特点之一。

也可以说，庄子认定、否定世俗，是得到逍遥的根本前提。

《史记》有云：

楚威王闻庄周贤，使使厚币迎之，许以为相。庄周笑谓楚使者曰：『千金，重利；卿相，尊位也。子独不见郊祭之牲牛乎？养食之数岁，衣以文绣，以入太庙。当是之时，虽欲为孤豚，岂可得乎？子亟去，无污我。我宁游戏污渎之中自快，无为有国者所羁。终身不仕，以快吾志焉。』

这虽然是《史记》上的记载，更有人认为是庄子的寓言。寓言也罢，表达的思想感情仍然是清高超拔，傲然独立，难能可贵，与众不同。竟然说是楚威王以厚币即重金礼聘庄周去担任相国。而庄周嘲笑说，那是郊野祭祀用的、准备

以之牺牲的牛只，饲养几年，披上官服带花纹的服装，送进太庙，到了那时悔之莫及，想做一只野生的孤独的牲畜亦不可能实现。说是庄周还骂威王，去吧，别污染我了吧，我宁愿过着卑贱的生活，自得其乐，也不愿意受君侯政务的羁绊，我终生都不会去做官的，那样才能够痛痛快快地实现我自己的志趣，那是多么痛快呀。

这个意思当然很不差，但是这里所谓庄子的话仍嫌过于火气，似亦不甚礼貌。庄子未仕，应是历史事实，他会不会、敢不敢、必要不必要这样当面嘲笑驳斥权贵尤其是「王」，则难以判定。包括历史上有记载，庄子也喜欢引用的许由拒绝唐尧禅让的故事，许由真的那样激烈，听了尧的话要洗耳朵以清除精神污染，还是读书人的借题发挥，吹牛皮不上税？谁知道！要不就是那个年代的中华君王特别谦虚好脾气，甚至常常厌倦于政务与权力？那就另当别论了。

《庄子·秋水》上又记载：

惠子相梁，庄子往见之。或谓惠子曰：『庄子来，欲代子相。』于是惠子恐，搜于国中三日三夜。庄子往见之，曰：『南方有鸟，其名为鹓鶵，子知之乎？夫鹓鶵，发于南海而飞于北海，非梧桐不止，非练实不食，非醴泉不饮。于是鸱得腐鼠，鹓鶵过之，仰而视之曰：「嚇！」今子欲以子之梁国而嚇我邪？』

惠子，即惠施，名（逻辑与概念研究）家，在《庄子》中常常充当庄子的谈话伙伴与对手。说惠子在梁国当了宰相，老友庄周去看望他。有人对惠子说，庄子来是要代替你做宰相，惠子听了很紧张，在梁国进行了三天三夜的搜捕。庄子大大方方地去见他，给他讲，说是南方有一种叫鹓鶵的鸟，你知道吗？此鸟从南海起飞，一直飞到北海，不是高贵的梧桐树不栖息，不是修竹的果实不吃，不是甘甜的清泉不喝。有一只鸱枭抓到一只腐烂了的死耗子，见鹓鶵飞过，

向天出怪声发威……如今你就像那只鸱枭。而你的官职就好比那只死老鼠，你还要发威护住你这只被我所厌恶的死耗子吗？

这一段话庄子说得强烈夸张，富有艺术家气质，但更重要的是他在宣扬一种逍遥、自在、养生、悠游、追求精神的独立与满足的主体性、精神性、道性（与道融合）、高智商、高境界的价值观，而对于世俗名利、权位、胜负、是非都贬得一钱不值，对于功名利禄、光宗耀祖，对于所谓立德立功立言这样的通用理想，一概否定。

除了《红楼梦》里的宝玉以外，少有其匹。宝玉称这样的俗人为『禄蠹』，即寻吃俸禄的蠹虫；庄子称这样的人为嗜吃腐鼠的鸱枭。当然宝玉否定功名利禄却不否定爱情、亲情、男女之情乃至男男之情（如他与秦钟、柳湘莲、北静王的关系）。而庄子干脆此后连这个七情六欲也全否定了。庄子关心的只剩下养生、求生、终其天年即生存权与精神生活的畅快、自由、满足即逍遥游的快感了。余华的一篇小说名为《活着》，还遭到过只求苟活之讥。看来，活着亦大不易也。

老子其实并不否定修齐治平的一套，他在五十四章中所讲的修之于身、于家、于乡、于国、于天下，讲的以身观身、以家观家直到以天下观天下，与修齐治平的理想并无二致。只不过是要修的道或德或仁术不同。这样彻底地否定入世入仕，庄子应是第一人。

《庄子》一书中不断通过尧、舜、许由、颜回、仲尼（孔子）等人反复地讲述君王或者大臣让权让位让地盘以至这种让被拒绝、被嘲讽、被视为恶意的故事。其中尧让天下给许由的故事中许由显得很清高，而尧显得极无聊。其实

能够让出天下的唐尧与拒绝接受的许由的伟大劲儿应该相差不太多。

尧让天下于许由，曰：『日月出矣，而爝火不息，其于光也，不亦难乎！时雨降矣，而犹浸灌，其于泽也，不亦劳乎！夫子立，而天下治，而我犹尸之，吾自视缺然。请致天下。』

许由曰：『子治天下，天下既已治也。而我犹代子，吾将为名乎？名者实之宾也。吾将为宾乎？鹪鹩巢于深林，不过一枝；偃鼠饮河，不过满腹。归休乎君，予无所用天下为！庖人虽不治庖，尸祝不越樽俎而代之矣。』

尧让天下给许由，说是太阳月亮出来了以后，还要爝火（火把）做啥？大雨及时降下来了，还接着灌溉个啥？以为这样灌水有用处，不是自找麻烦吗？您的出现使天下大治，我却仍然占着君王的位子，那不是我缺心眼吗？请吧，请你来管理天下、拥有天下的权柄吧。

许由先是说他要天下干什么？似乎是肯定尧的作为已使天下大治，他再来掺和纯属不智。这并没有多少理论或者智慧的内容，甚至像曲线奉承拍马。他说：天下治理得这样好，我再去取代您老，我图什么呢？是为名声吗？名声是实际的附属物，我为了从属的东西而献身吗？鹪鹩生活在树林深处，它需要的不过是一根树枝；偃鼠到河中喝水，它能喝的不过是喝饱肚子。算了吧，君王，我要那个天下有何用处？厨子有厨子的工作，尸祝（主祭）有尸祝的责任，总不能因为厨子没有去做饭，就由主祭代劳——越俎代庖吧。

许由讲得有点花哨。要是当真不想干，似乎不必如此雄辩忽悠。但是他讲名为实之宾，反诘自己『吾将为宾乎』，就是说如果他接受尧的禅让，他就是丢了实去求名，丢了主而去求宾。主宾问题与禅让的是否接受并无那么贴切的逻

辑关系，但是丢了实求名，丢了主求宾，倒是俗人的通病。人这一生，忘掉了实，却为宾而闹他个死去活来，这样的事已成人类通病。例如『文革』中有的老人，干了一辈子革命，最后却因等不到一个『人民内部矛盾』的结论而抑郁致死；有的堂堂知识分子成就卓著，却为评一个职称而痛不欲生或丑态百出……叫人说什么好！

许由说：鹪鹩巢于深林……这话表面上极富说服力，几乎是不疑不争之论，问题在于天下的诱惑并不仅仅是提供给你深林与河水的资源，而是吸引你实现自我，发挥生命能量的极致。这里也许仍然适用庄子的名实之辩与主宾之辩。你能不能做到满足于深林一枝与饮水满腹，这恰恰是庄子最最较真的地方。这正是庄子所提倡的心斋，把愿望、追求局限于——不过是巢于一枝与饮而满腹。不要求温饱以上以外的东西，不要求生存权以外的权利。对于禄蠹、官迷、吮痈舐痔之徒的蝇营狗苟，古今中外都有正派的知识分子嗤之以鼻，认为这样的人和事丢人现眼、丑态百出、不堪入目。但他们多数人是以精英与高雅的姿态来讨伐禄蠹官迷的，所谓『不为五斗米折腰』（陶潜），所谓『安能摧眉折腰事权贵，使我不得开心颜』（李白），所谓德王有很多而贝多芬只有一个，关于贝多芬不但轻视德国皇帝也轻视尊重皇帝的歌德的故事，他们都是以自己的智慧与道德优越感，以自己的超众的才能学问创造发明为本钱，拒绝向权力与财富低头的。总之，这些厌恶功名利禄的高人，都是有专长有境界的，都是很牛的。

而庄子则是走了另一条相反的相当极端的路：他干脆否定一切社会性集团性的努力，否定王侯权贵，也否定学问的追求与争论，他为自己与门徒树立的榜样不是王侯，不是诸子百家，不是鲲或鹏，不是类似李白或贝多芬式的天才专家，而是小小的鹪鹩与偃鼠。

奇哉庄周之文也，刚才还在生猛地介绍鲲与鹏，介绍高寿的冥灵、彭祖与大椿，忽然，一个猛子扎下来，变成了鹪鹩与偃鼠了。精英型的知识分子，是以睥睨世俗的姿态实现精神的跨越与拔份儿。而庄子的姿态是降低自身的要求以至于无，以小巧的鸟儿与地里的老鼠的姿态，摆脱俗世名利权位是非功过的羁绊，求得一己的逍遥与自由。他的方法可以说是以退为进，以屈求伸，以侏儒的姿态求大道。他并不从外部跨越而过，而是从内里先否定一切功名地位的任何意义，他主张远离世俗、避祸避险避忧。以避让一切世俗追求为得到自身的平安与快乐的目的的手段。

而且，除了个人的主观上的优游闲适、逍遥自在，庄子不相信、不承认任何其他的事功、利益、名声、（社会与政治）地位、影响力、德行、舆论（物议）、奉献、奋斗、获取、胜利与失败，直至健康与疾病、长寿与夭折的意义。除了『我自己』的舒适感、自在感、自由感、满足感与对于其他事物环境的麻木感，一切其他的感觉，概不承认。这种主张极端化到了令人吃惊的程度，同时也令人毛发悚然，一个活人怎么可能这样？又令我们五体投地，任何人做到了这一步，确实是如仙如圣，已经不是肉体凡胎了，已经做到了超级的威武不能屈、贫贱不能移、富贵不能淫，外力不能干预，不能生杀予夺，不能影响扰乱促进劝导；又绝对不需自我膨胀、雄心壮志冲云天，而只需两眼一闭，两耳自封，心中默默一想即可。

我想这里庄子首先面对的是那个时代的恶性竞争，侯王争霸，臣下争宠，士人争（为世所）用，而这种竞争并无规则，叫做天下无道，大家都在赌博，碰运气，赶点儿，旦夕祸福，朝暮成败，你砍我杀，血腥涂炭，孰能无过？孰能免祸？这种情况下还忙着进取功名，不是活腻了又是什么？

庄子之所以如此激愤与极端，还因为他面对的是一个更加无奈的事实。古代中国，一向是权力、荣华、富贵、各种资源高度集中的社会。一个读书人，一个有大志与高人一头的能力的上层人物，如果与这样集中管控的资源不沾边，沾不上集中强大的资源的光，单凭个人的才智奋斗，常常是作用有限，事少有成。而一个相对的草包，碰对了点儿就硬是大放光芒，不服不行。而且你越是有所期待有所特长有所雄心壮志有所真见识真本领，你的失败就越明显，你的挫折感就越十倍百倍于旁人。别人看不透，聪明透彻如庄周者也看不透吗？

尽管他是奇才奇论奇文奇理，但读之不无阿Q精神渊薮之感。

洋人特别喜欢用『面对』一词。叫做『face it』，我们前边也讲了庄子所面对的险恶形势与竞争条件。同时，这里还有一个与社会环境无关的状况，人们常常忘记了面对，而庄子是面对了。那就是，不论多么有条有理的竞争，优胜者是少数，极少数，例如全世界那么多运动员，只有极少的人能参加奥运会，奥运会上那么多优秀运动员，只有极少的人能得到金牌。除却这极少的幸运儿，谁不痛失金牌？谁不功败垂成？谁不将心血梦幻付诸东流？即使得了金牌，你又能保持多久？你在人老珠黄、谢幕回身、过时遗忘之后又当如何自处？

在美国这样的提倡生存竞争、从理论与法制上至少是声称力图规范竞争规则而绝对不会提倡老庄之道的无为与不争的国家，也常常发生竞争中的失败者绝望疯狂，变成杀人狂，变成恐怖分子、社会渣滓的恶性刑事案件，或者也会发生竞争中的侥幸者幸运儿腐化堕落、失常、歇斯底里的悲剧，许多大明星就有这样的事。而我国早熟的哲人庄子，过早地感受了这一切竞争的荒谬性与悲剧性，他过早地唾弃了这一切。

古往今来，我们必须面对，我们曾经面对，庄子早已面对——面对而全然无法改变那些面对了以后令人失望的一切。只能自救，只能超度。庄子知道他没有办法改变人类的一切特有的麻烦，他尤其怀疑儒墨那一套应该叫做饮鸩止渴、火上浇油的规范与观念。他认为这些规范与观念令生存与政治、社会竞争更加细腻而又惨烈、虚矫而又无孔不入。他认为儒墨那一套与其说是在助人，不如说是在害人。他不能拯救人生、竞争、社会与资源配置，只能拯救灵魂，拯救自己，他只能搞精神的一己的胜利与陶醉，搞精神迷醉。

我这里无意以阿Q的名称来轻蔑庄子，毋宁说我有以庄子的名义替阿Q找一点理解的好意。对于阿Q，恐怕也不是靠一味嘲笑能于事有补的。

庄子也罢，贾宝玉也罢，他们对于社会的主流价值系统其实是一个挑战，是不无叛逆色彩的，然而，他们的造反又不是真正的造反，正像后来有所谓跪着的造反一样，庄子是坐着的造反，是静坐打坐闭目塞聪的造反，是最消极的造反。而宝玉是混世的造反、颓废的造反，是埋头于与姐姐妹妹们的玩耍又没完没了地悲哀着的造反。他们没有行动，他们从未想过也未必有可能想到采取什么行动去改变环境，他们能够做的只有改变自己的思路。

但这里还存在着逆向思考的可能性。老子讲：大成若缺，大盈若冲，大直若屈，大巧若拙，大辩若讷。太完美了反而像是（或必定是）暴露了自己的缺陷——与完美相比，谁无缺失？太充盈了，反而像是（或必定是）暴露了自己的空虚——与全知相比，谁不空虚？太正直了反而像是（或必定是）暴露了自己的曲折、曲线，曲为行事，委曲求全（求直，因为大直必全，全必曲）……那么，说不定庄周有自身的大心胸、大智慧、大眼光、大慈悲、大志向、大自信、

大自负、大使命感，而又生不逢时、屡战屡败，他必然会常常在自杀、冒险与精神解脱之间进行选择，在铤而走险与难得糊涂间进行选择，在针尖麦芒、斤斤计较与大而化之、物而齐之中间进行选择。什么都看透了，什么都明白了，什么愚蠢都没有了，说不定反而会像是（或必定是）阿Q一族的先驱了。

庄子可以在某些问题上与阿Q貌似形似，心有灵犀，但是未庄的阿Q君永远不可能写出《庄子》，当然。

同时却也不妨设想，如果我们碰到另一个类似阿Q的人，是天才，是文章家，他拥有足够的学养并赶得上百家争鸣的好机遇好舞台，他将会成为什么样的思想家与著作家呢？

（而按照毛泽东的思路，应该做的是把被颠倒了的一切再颠倒过来，是的，正像我们不能像赵太爷一样不准阿Q『革命』一样，我们无权剥夺阿Q的著作权。我们应该提倡阿Q去革命，去写书，如果他赢得了各种主客观条件，如果他的『课题』得到了批准支持与财政拨款，他将会写一卷怎样的哲学博士论文呢？）

老子还讲要『勇于不敢』，注意，不是怯懦而装勇，而是因勇而退让。就是说，正因为庄子有鲲与鹏的气概与眼光，他才显露了鹪鹩与偃鼠的平和与满足，而不会成为嗜食腐尸的鸱鸮，更不会成为蝇营狗苟的蛆虫。

肩吾问于连叔曰：『吾闻言于接舆，大而无当，往而不返。吾惊怖其言，犹河汉而无极也；大有径庭，不近人情焉。』

肩吾问连叔说，我听过（楚国的狂人）接舆讲话，他说什么都是大得不着边际，大话放出去收不回来，我听着发晕发颤，他的那些个话像天上的银河一样涣漫无边，太与常理相悖，太不近人情啦。

这叫横空出世，欲扬先抑，这叫放得开也收得拢，叫做随心所欲。

连叔曰：『其言谓何哉？』『曰：「藐姑射之山，有神人居焉，肌肤若冰雪，淖约若处子；不食五谷，吸风饮露；乘云气，御飞龙，而游乎四海之外。其神凝，使物不疵疠而年谷熟。」吾以是狂而不信也。』

连叔问，他到底说了些什么呢？答，他说，藐姑射山上，住着一个神人，她的肌肤如同冰雪一样洁白纯净，风姿绰约如同女孩子，不食人间烟火，吸风饮露，乘坐着云雾之气，驾驭着善飞之龙，遨游于四海之外——如同今人所说的外层空间——她的精神凝结聚拢专一，她能使万物不伤而五谷丰登。我以为这说的都是谎言疯话，不能相信。

果然，庄子立即从鹪鹩与偃鼠飞跃起来，升腾成为纯美的仙子了。读庄读到这里我首先想起的是鲁迅的散文诗《雪》：『江南的雪，可是滋润美艳之至了；那是还在隐约着的青春的消息，是极壮健的处子的皮肤……』这是文学，如果不说是神学的话。其实先秦以至于汉，文体的分别未必明确与成熟，即使司马迁的《史记》，虽然下了极大工夫调查考证，其文学性也有些过分之处。史都文学化了，何况哲学？这可以说是一个神仙之梦，哲学之梦，想象与向往之梦。

我还有一个想法，先秦天下大乱之时，到处是说客的言谈，到处是凭权力（王侯之属）、武功勇敢、智谋与口才而求『上进』者。那是一个群雄争霸、百家争鸣、各显其智其能其勇的时代，是一个阴谋阳谋蓬勃发展，政治军事赌博盛行的时代，而一帮子读书人，无不要靠自己的嘴皮子求出头求功业。言之无文，行之不远，彼等无不在语言文字能够先声夺人、堂皇灿烂、高屋建瓴、雄辩恢宏上下工夫，中国的政治、历史、学术研讨，从先秦时期就走了文学化的这条道路。至今中国的政治常常文学化，中国的文学常常政治化到有所错位的程度。（如讲『总路线』是鼓足干劲、力争上游、

多快好省……讲利用小说反党……）

这段关于藐姑射山神人的故事，当然更像是神话故事而不像哲学论述的理据。你当然欣赏，却不得不将信将疑。其实它的出现不是为了你的相信与质疑，而是为了你的欣赏与向往。

连叔曰：『然！瞽者无以与乎文章之观，聋者无以与乎钟鼓之声。岂唯形骸有聋盲哉？夫知亦有之。是其言也，犹时女也。之人也，之德也，将旁礴万物以为一，世蕲乎乱，孰弊弊焉以天下为事！之人也，物莫之伤，大浸稽天而不溺，大旱金石流、土山焦而不热。是其尘垢秕糠，将犹陶铸尧舜者也，孰肯分分然以物为事！』

连叔说，倒也是，视障者无法阅读文章，聪障者无法欣赏钟鼓。岂止是生理上有盲目与聋哑呢？知识智能上也是同样的呀。这话，我正是说你的。这样的神人、这样的能力，气势巨大，与万物即与世界合为一体，世人苦于离乱，但是神人怎么可能以苦苦地治理天下为自己的事！到了这样的神人那里，什么也无法对她造成伤害，洪水漫天，你淹不着她，大旱大热，金石熔解，土山烤焦也热不着她。而尧舜之流，不过是她身上的一些头屑麸皮所制造。这样的人怎么会拿外物俗事当真！

这里连叔责备肩吾所缺少的『知』或『智』其实应是指想象力，应是指类乎文学艺术的感悟能力，指对于类似文学艺术的虚构的知音与否，而不是指经验层面的与技术科学层面的判断真伪能力，当然也不是严格地掌握逻辑规则进行推理思辨的修养。庄子那个时候，发表议论主张，似乎并不特别注意把虚构的思维与经验的思维区分开来。但是他的通过连叔之口，反扣提出质疑的肩吾又聋又瞎，故不可能理解相信藐姑射山神人的存在，这倒使我想起当代我们曾

经喜欢用的一个逻辑：资产阶级由于它的阶级本能的限制，无法理解无产阶级的大公无私与社会主义的各种优越性。我们还可以引用一句俗话：诚则灵。你不信这样的神仙，这些话对于你就是没有作用的。而如果你相信呢？你会为之沉醉，你会为之倾倒，你会为之而升华。

这样的逻辑能令主张者具有某种满足感，压倒一切不同意见感，却未必靠得住，也不需要靠得住。

庄子是另类，另类的人与文，另类的学理与思路。

磅礴万物以为一，这就是道的妙用。我在谈老子时多方讲过，道就是万物的总体，就是一切的一与一的一切，就是一，就是齐物之齐与物，也就是准无穷大，即→∞。有同好怀疑庄子的道的真实性，其实道与∞与上帝大致相近或相同，一个是数学概念，一个是哲学概念，一个是神学概念，殊途而同归。恰恰在这一点上无须忧虑，如果你较真的话，你的较真本身就是道的证明，你如果怀疑的话，你的怀疑就是道的能量。你如果糊涂的话，你的糊涂就是道的混沌特色。你对于道的承认与否认，这本身正是齐物的对象。因为否认道的存在，也就是否认世界具有任何本质属性，否认世界具有任何统一性规律性可概括性可言，否认永恒、无穷、超人间、彼岸、终极及其他一切非经验概念的效用，你的对于道的否定，恰恰代替了对于道的肯定而成为你的以负面的方式表达的对于道的理解：那就说明，你心目中的大道正是杂多、无序、偶然、空虚、不可知不可解、无法表达、无法命名、无意义无是非……这样无下去非下去空茫下去，反而离老庄主张的道距离更近了。老庄的大道，恰恰就是强调无，强调冲、虚，强调混沌的啊。

无伤云云，则与老子的无死地说相近。老子说『善摄生者，陆行不遇兕虎，入军不被甲兵』，庄子说神人大浸不溺，

大旱不热，俄国人民谚语说的则如苏联卫国战争时的一首歌曲所唱：『我们，火里不会燃烧，水里不会下沉。』人同此心，心同此理，可谓无稽之谈乎？

庄子在此后的《大宗师》一章中还说：

古之真人，不逆寡，不雄成，不谟士。若然者，过而弗悔，当而不自得也；若然者，登高不慄，入水不濡，入火不热，是知之能登假于道者也若此。

前人解释『不逆寡』多从不违逆少数。但与『不雄成』联系起来，似亦可作不因寡而逆解。『过』与『当』有的只解释为时机，亦觉狭隘一些，应该是指一切的是否恰如其分吧。

古代的真人，登高不哆嗦，掉进水中浸不湿，陷入火内不感到热，这就是智慧够得着大道的人的境界与特点。

这些说法也类似上述种种对于奇迹的向往。然而这一段文字却说明，老庄的着眼点不是邪教式或特殊功能式、练功式的奇迹，而是『真人』的超拔，不因处于少数地位而别扭，不因有所成功而牛皮，不穷算计，不因时间错过或做事做过而后悔，也不因恰逢良机或恰到好处而自得。这就如当今说的某某『刀枪不入』『金刚不坏之身』一样，这是指人格，指意志，指操守，指坚定与自信，也指智慧与经验。不能理解世上有这样的人格力量与境界的人多矣，他们只能理解成功夫、特异功能、邪魔外道，最好的情况也只是理解成神话、传奇、梦幻、小说家言，只好如此了。

宋人资章甫而适诸越，越人断发文身，无所用之。尧治天下之民，平海内之政，往见四子藐姑射之山，汾水之阳，

窅然丧其天下焉。

宋国人做好了礼帽到越国贩卖，而越国人不留头发，喜欢文身，没有戴帽子的习惯，宋国的帽子在越国派不上用场。尧治理天下百姓，海内平安，他也去了藐姑射山，见到了四位神仙人物，就在汾水的南面。尧从此不知不觉地忘记了自己所君临的天下。

这里插进来一个宋人到越国销售帽子受挫的寓言，然而不是讲市场调查与市场预估。正说着藐姑射山的神人，又跳到形而下的帽子销售故事上来了，跳跃性，是庄子文章的风格特色之一，从而扩充了文字的张力，预留了进行创造性阅读的空间。

至少可以从两条道上解释：第一，各人的需要与认识程度是不同的，你做的帽子再好，遇到不识货、不懂得帽子的好处的人来说，完全无用。庄子的货色是多么好啊，遇到了类似断发文身，不装扮脑袋只知涂抹身体的越国人，你只能铩羽而归了。

第二，宋人知道个人要戴帽子，就以为普天下到处等着他的帽子呢！其实他们是识见浅陋，坐井观天，知其一不知其二，这样的人连断发文身的习俗都理解不了，又上哪里去理解藐姑射山的神人呢？

拉回来想那皮肤如处子的女(?)神，在想象的大道与神人中，在无穷大的道面前，尧的治天下也是毫无意义的小事。尧治国理政，成绩够可以的了，他有效地管理着天下之百姓，协调平衡着海内的政治事务，但这是在世俗的框架里的成绩。一旦跨越世俗，与闻神人，他就傻了，天下早就不值得依依不舍啦。

登高则能望远，望远而知舍弃与忽略鼻子底下的一些鸡毛蒜皮。但是把（自己掌管的）天下看成鸡毛蒜皮，则是庄子的胆识或牛皮了。看来庄子是决心彻底挑战当时的世俗价值观了。

这是庄子的杀手锏，一祭起大道，洋洋乎，巍巍乎，茫茫乎，唐尧虞舜夏禹文王周公……都吗也不算。

三　庄子与自己抬杠吗

人们指出，庄子不是没有自相矛盾的悖论：他一方面主张不辩不争，一方面又不停地既辩且争。他一方面主张形若槁木，心如死灰，叫做坐忘——坐在那儿就把世界把外物也把自己忘光了；一方面汪洋恣肆、华美俏丽、巧辩雄辞（我几乎要说他是巧言令色了），张扬个性，宣扬自我，滔滔不绝。

这样的文字不可能是在槁木死灰的状态下写出来的，而只可能是在兴奋自得、摆平万物、越说越对、高昂激扬甚至是巅峰状态下讲说与论述的。

他一方面主张鄙名薄利，一方面著书立说，洋洋洒洒，堪称得意忘形，包括得意忘形的原意（非贬义）——得其『意』而忘其『形』，正如我们说的得意忘言、神似而非形似、领会精神而不是拘泥条文一样，是一种高级的精神活动状态，同时也包括贬义，即得意而有所失态，其实这样说也贬不到哪里去，一个人不论多么伟大，总有得意而手舞足蹈、如醉如痴乃至略显猖狂之时；一方面大讲齐物，一方面又猛批成心（偏见、定势等），如果物真齐了，齐物与聚讼纷纭之间，逍遥与不逍遥，成心与无成心，偏见与无偏见，虚静与浮躁之间，又有什么不可齐而一之、大而化之的？

就以我们前面讲的庄子的拒绝世俗，超越了再超越来说，许由、藐姑射山仙人、楚狂接舆（李白诗：『我本楚狂人，

凤歌笑孔丘』）都极端嘲笑修齐治平的理想，否定入世入仕立德立功立言的理想，但庄子为什么又写《应帝王》一章，讨论他的帝王乌托邦之大道呢？是不是更应该写一章非帝王、无帝王、至少是忘帝王呢？

李白若真是楚狂接舆之精神上的朋友，就不该有那些『我辈岂是蓬蒿人』的呐喊与『章台走马著金鞭』之牛皮追忆啦！

其实这样的悖论不仅庄子有，一切全称肯定、全称否定的命题，都是有悖论的。你什么都肯定，那么对于否定你肯定不肯定？你什么都否定，那么对您的否定本身否定不否定？你用正数去乘负数，得出来的数能不是负数即非正数吗？你用负数去乘负数，得出来的数能不是正数即非负数吗？负负得正，负正得负，这本身就是悖论啊。

你宣称不相信一切已有的知识结论，那么你自己的这个不相信，能不能被相信呢？

叔本华说，读书就是让别人将你的头脑变成他的运动场，鲁迅便说，你听了他的话，就是让叔本华将你的头脑变成了他的运动场。

再如我们说任何理论都可能过时，那么『可能过时』这一判断本身何时会过时呢？当这个判断过时以后，是不是『都会过时的判断』应该被某种判断将永恒不变、永不过时、认识终结、真理停止的判断所替代呢？这不是很可怕吗？

其实数学家对于悖论的研究更认真也更精确。例如罗素悖论：一个理发师宣称他只给『不给自己理发的人』理发，那么他该不该给自己理发？给自己理的话，自己就不符合自己设定的理发条件；不给自己理的话，自己就符合给自己理的条件。罗素的这个悖论发现甚至动摇了康托尔的关于无穷大的实有性的理论：过去人们认为无穷大是一个趋势而非实存，但康托尔认为一切数的集合就是无穷大。罗素问，这样的集合本身是否也要求无穷大这个实有数本身参加呢？

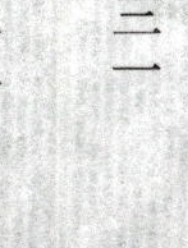

再比如说谎悖论，这是很有名的说法：当一个人宣称自己说的一切都是谎言的时候，『我言皆谎』四字是谎言还是真实的话呢？

我早就读过聪明人战胜暴君的故事：一位暴君规定，任何外乡人到他这里都要回答『他来做什么』的提问，如果回答的是实话，他会被烧死，如果回答谎话，他会被淹死。这天来了一个智者，他答说我是来被淹死的，暴君将无法处置他。你烧死他，证明他是在说谎，你本应淹死他的。你淹死他，证明他说的是实话，你本应烧死他的。

这是认识的一个难题，也正是认识、思维、辩论的一个巨大魅力。你不可能绝对化，绝对化包括将相对主义绝对化，其结果是破绽百出。你不能默不作声，默不作声与其说是代表智慧不如说是代表你压根不存在，包括你的沉默也不存在。你不能滔滔不绝，滔滔不绝只能使你的议论与文字贬值。你不能绝对地脱离世俗，精英意识发展到吹嘘膨胀、识普通人为草芥的地步，你就是十足的讨嫌可笑，如果不说你是大言欺世的骗子的话，同样，你不能绝对地与世俗同流合污，等等。

老子已经有这样的悖论，他一会儿讲『失道而后德』，认为道德规范是丢掉了自然而然的大道后的人为的代用品，一代用就可能假冒伪劣。另一方面他又时而从正面的意义上讲德。如『上德不德，是以有德』『含德之厚，比于赤子』，等等。当然你可以说，老子认可的德与他要否定的德是两种不同的德，但是老子又如何有根据认定旁人说的德不是应该认同的德，而只有他说的德才德得不得了呢。再往下：

惠子谓庄子曰：『魏王贻我大瓠之种，我树之成而实五石，以盛水浆，其坚不能自举也；剖之以为瓢，则瓠落无所容。非不呺然大也，吾为其无用而掊之。』

惠子即惠施，常常在《庄子》一书中被树为对立面，可能事出有因，也可能只是行文的需要，庄子常常虚构各种实有的人物包括仲尼（孔子）、颜回……的并不存在的故事、事迹以及一些其实并不存在的人物。这里的惠子也很善于辞令。他说魏王给了他一粒大葫芦种子，种出来，结了一个大葫芦，容积达到五石。（按，经查网络，先秦至唐，一石等于一斛，折合六千毫升，或谓可容水一百二十斤。）五石，容量是三万毫升。吓死人了。故而惠子说，这样的大瓠，用它来盛水，它的坚韧与承受力根本举不起这么多水（六百斤嘛）。把它分成两瓣作瓢，没有什么东西需要用这么大的瓢来装来盛。这样的大葫芦实无用处，我只好把它打碎抛弃掉。

惠子就是这样讥刺庄子的大而玄的高论的。

庄子怎么办呢？他的回答仍然是一如既往地压惠子一头：

庄子曰：『夫子固拙于用大矣。宋人有善为不龟手之药者，世世以洴澼絖为事。客闻之，请买其方以百金。聚族而谋曰：「我世世为洴澼絖，不过数金；今一朝而鬻技百金，请与之。」客得之，以说吴王。越有难，吴王使之将，冬与越人水战，大败越人，裂地而封之。能不龟手，一也；或以封，或不免于洴澼絖，则所用之异也。』

庄子的答辩仍然是文学性、寓言性的。他说您也太不会用大物件、大道理啦。这就像宋人有用秘方制作的润肤药品，这种药用了，手就不会皴裂，于是那里的人得以世世代代地从事洗衣业，因为他们不怕手因洗衣过度受刺激而皴裂。

对于那里的人来说，润肤良药意味着可以世世代代地做洗衣从业人员。

有个外来者，听说此事，出价『百金』（一百两或一百锞黄金吧？）购买这个秘方——知识产权。宋人商量，我们洗衣，年收入不过数金，是个位数字，现在一家伙就得到了三位数字，值！成交吧！此人获得秘方后找到了吴王，吴王让他带领吴军攻打越国，越国多水，打仗就要水战，吴军打胜了，原因之一在于他们没有因为水战而弄皴了手（不裂手就能战胜，是不是也有点小儿科）。此人乃获封赏，裂土封侯。你瞧，秘方在他这里，他就直上青云，被赏封为贵族。而在宋人那里，最多只是用来洗衣服。这就看你会不会大材大用乃至小材大用啦。

这一段绝妙的文字与故事，前半段关于护肤药品的小用洴澼絖——洗衣与如何大用——成为战地后勤预防类药物、变成军用物资，写得有论辩力，但是太实在了，反而不可信。裂地封侯与继续浣洗的对比，用庄学观点看相当庸俗，这干脆是企业管理商业盈利的计较。其实按照庄学观点，应该嘲骂那位将护肤剂卖于军事用途的人，应该写他的不得善终；同时应该歌颂的是那些安于漂洗的安时顺命的劳动人民。他们完全符合栖只求一枝，饮只求一腹的大道。时至今日，从审美与环保即守护大地的观点看，用于洗衣也比用于作战好得多。

『今子有五石之瓠，何不虑以为大樽而浮乎江湖，而忧其瓠落无所容？则夫子犹有蓬之心也夫！』

这是全书的亮点之一，你既然有大瓠，何不以五石之瓠做成大樽，浮于江湖，善哉，壮哉，美哉，妙哉，悲哉！你怎么还会为大瓠无用而发愁？你未免太死心眼儿了（心眼儿让蓬草给堵死了）吧？

庄子的想象力当然远远超过了向他发难的惠施。但惠施谈的是实用，是操作性概念，而庄子谈的是想象，是浪漫

性抒情。虽然此情阔大张扬，无边无际，优哉游哉，其乐何如，以浪漫辩务实，仍会有诡辩的嫌疑。浮于江湖，偶一为之或有可能，将之视为大瓠的用途，技术性问题恐怕太多。惠子已经预设，大瓠脆而不坚，舀不起那么多水，难道就经得住一两个活人？它能保证浮游于江湖的首要要求——安全吗？也许庄子有很好的水性？楚文化嘛，楚地人不像北方人那样多为旱鸭子。水性不好的人不可能想出浮于江湖的办法。

它还使我想起后世李白所写『人生在世不称意，明朝散发弄扁舟』。李白颇受庄子的影响，自由、逍遥、孤独、空茫，接近于消失在地平线上。这又怎么能不让人为庄周与李白而感到悲凉呢？

然而很美。用粉丝们对张爱玲的说法，叫做『凄美』。浮游江湖的阅读审美性能，大大超越了思辨功能，更不具备实践性。它同样是哲学为人类的困境寻找答案的无力与美丽的空话果实。正如王国维感叹——『世上的哲学，可爱的多不可信，可信的多不可爱』，说大瓠无用，可信，但不可爱。乘瓠浮游也好，散发弄扁舟也好，可爱，不可信。是想象中的水中月梦中花，不是真实的月与花。

顺便说一下，只是浮于江湖，却没有提浮于沧海，浮于太空。毕竟是几千年前的生产力啊，人类诸君，虽然是以有涯逐无涯，殆矣，危险得很，但诸君的努力也还是有进步有趣味有价值，即值得『逐』一『逐』的啊。

下面一段也达到了文章的极致，说理的极致，令人赞叹而又欷歔，钦佩而又伤痛不已。

惠子谓庄子曰：『吾有大树，人谓之樗。其大本拥肿而不中绳墨，其小枝卷曲而不中规矩，立之涂，匠者不顾。』

惠子对庄子说，我这里有一株大树，名叫樗树，今名魔术师椿。它的主干（称为大本，竟与今日高考中的专用词

大本即大学本科相撞车）拥（臃）肿不成材料，甚至难以量度掌握，其小杈杈，卷曲不成形，不符合任何使用要求，白白地挺立在大路上，没有哪个师傅会看中它……暗示它无所用途，恰如读书人之不为世用，进入不了体制，做不成官吏；又进入不了百姓，做不成农工商兵，哪怕是盗匪黑社会。

这样一个欲扬先抑的形象已经令人鼻酸：大本臃肿，不中绳墨，小枝卷曲，不中规矩，呜呼！这究竟是绳墨出了问题，规矩出了问题，还是树出了问题？树大难为用，材大难用，材大难容，这样的故事在中国历史上岂是罕见？匠人不顾（盼）即不多看一眼，这样的大树姥姥不疼舅舅不爱，却又老大的块头儿，怎不令人扼腕！多少庸人宵小，冠盖京华，斯树憔悴，一棵过大而又突破了现有规格的树则只能被抛弃被蔑视被嘲笑，悲乎中华！

杜甫诗《古柏行》曰：

孔明庙前有老柏，柯如青铜根如石。
霜皮溜雨四十围，黛色参天二千尺。
……
落落盘踞虽得地，冥冥孤高多烈风。
扶持自是神明力，正直原因造化功。
大厦如倾要梁栋，万牛回首丘山重。
不露文章世已惊，未辞剪伐谁能送。

苦心岂免容蝼蚁，香叶终经宿鸾凤。
志士幽人莫怨嗟，古来材大难为用。

杜甫的诗中也记载了一株大树，是古柏，一听就比臭椿强。高龄，黛褐色树干，参天两千多尺。它稳稳地扎根于大地深处，得其所哉，却仍然要承受着强风摧残，因为它太高了，太高了自然就孤独了。哪个炎黄子孙不懂得树大招风之议？它能长得这样高大这样稳重，是神明与造化的扶持功力。它是惊天动地、回天有能，挽大厦于既倒的大材。这样的大材，不表露什么文章辞藻花团锦簇已经令世人赞叹了。它并不拒绝用它的人的剪裁砍伐，仍然没有人能拖得动它，没有谁能用得了它。它的树心是苦涩的，蝼蚁寄居着啮咬着糟害着它。它虽然无法逃脱蝼蚁的危害，却毕竟在自己的香枝香叶上接纳过鸾凤的栖息。杜甫最后干脆点明，志士幽人，高雅博学之士，算了吧，不必唉声叹气啦，从古至今，材料太伟大了也就不好用了。用小材小树，心智正常的执牛耳者都做得到，用大材伟树呢？谁用得起？谁用得动？谁敢用，谁配用啊？

杜甫是另一路，他对大材难用的现象作了悲情却也开阔的总结。

笔者于一九八七年所作的旧体诗《阳朔行》中有咏大榕树两首。

一首是：

树大难为用，横生便张扬。
莫究质与价，购票便捧场。

另一首是：

树大难为用，横生未可知。
何劳问轮理，留影便相思。

老王只能推而移之并降格以求。树太大了显得张扬，不招人待见，但仍然可以供游人留影纪念，并为此购票，树大了至少能微薄创收嘛，何必较真去讨论它到底有用没有用呢？以旅游的观点，『类花瓶』的摆设观点，一切没有用说不定都有用呢。

再有就是，树太大了，有用乎没用乎谁知道？有哪一位有资格审视它的年轮与纹理？它已经给人以不凡的气魄与印象，留影之后，更是难以忘怀啊。

老王干脆来一个不争论、不讨论一株参天大树的用途问题。有无用场的问题是人的问题，根本不是树的问题。进人吃大锅饭的景点的参天繁茂的大树，我们理应有所敬畏、有所喜爱、有所留恋纪念。

惠子接着说：

『今子之言，大而无用，众所同去也。』

说是庄子的言论就像那株大臭椿，不中规矩，不中绳墨，臃肿、卷曲，都是没有用场的话，这是人们的共识。

这里惠子有一点狭隘，说话的作用不仅仅在于有用。正如刘震云的小说中所讲，从有用的观点来看一个人一天所说的话中百分之九十都是废话。但说话还可以有有用以外的目的，如示好或示恶，如说我爱你或者我讨厌你，有用还

王蒙讲《庄子》系列

听觉病毒。

三、逍遥要无待，要满足，要摆脱一切外物的干扰——更不要说追求外物了。应该说，这里要求的是绝对的主观精神的无拘无束，彻底自由。

四、逍遥要无所用，为世所用也就是为外物所累，无用则无累，无累则自由。

五、逍遥要与大道合一，成为至人、真人、神人，与大道合一则无所不能，无所能伤，可以超越拔高而不封顶，可以做到藐姑射山上的神人那个境界，做到令唐尧也自惭形秽的地步。

人与人是不同的，能够达到的逍遥的境界与感受也不一样，请勿过分地计较逍遥的定义，去分际真伪逍遥，分辨何者是庄周的逍遥原义，何者是后人穿凿。说得简单一点，你觉得你逍遥，你觉得你自在，你觉得你不受外物的役使也不受物议的困扰，你也就沾了逍遥的边儿了，夫复何求？

齐物论：透视与超越的思路蹬平寰宇

一　槁木死灰

生命的真正底蕴何在？人生的真意味究竟是什么？人生的态度又应该如何选择？

一万个人当然就会有一万种答案。概括地说，仍然可以分成积极的与消极的两大类。一类是积极的，有的宗教认为生命是上帝的恩赐，有的主张认为生命的意义在于对社会的贡献并从这种贡献中得到自我的极大实现与弘扬，儒家

的所谓立德、立功、立言，科学家之献身科学，艺术家之献身艺术，革命家之献身革命，道德家之献身道德，乃至敬业者之殉职，军人之献身于战斗，都含有积极的意义。

即使不是献身，而是乐生、惜生、慰生，拔一毛而利天下不为也，对自我的生存仍然抱肯定与珍爱的态度。

同时古今中外，对人生，对生命，都有严重的质疑，生老病死之虞，旦夕不测之祸，自取灭亡之蠢，钩心斗角之智，都令有识之士叹息。

认为人生的痛苦在于人自身，在于人的欲望的难以满足，满足以后立即产生新的欲望；在于人的思想与感受，特别是敏感，人的一生充满了自寻苦恼的追赶，希望与失望直至绝望；在于人的思辨，较真，追求真理与弄清是非真伪的努力……一句话，认为人的灵性，灵魂与智慧，认为人之成为人的与万物有所区别的一切，是炼狱般的苦痛的根源，这在佛教中，儒家的教诲中，老子的《道德经》中，叔本华的哲学中，尤其是庄子的《齐物论》中，都有所提及或发挥。这种论调，延伸到了残酷地对于生的实际否定，但又以大彻大悟的形式，摆出一种超凡入圣的神佛姿态。有时，这其实是一种牢骚，一种愤懑，一种悲哀的号叫。有时，则陷入无奈的平静和空虚，如《红楼梦》的主题，叫做一片白茫茫大地真干净。

孔子的办法是承认人生的痛苦，然后把脸转过去，务实地劝导人们先活好活对头了再说。而庄子，在这一类问题上，既有佛的彻底与残酷，又有中国士人独有的逍遥与自解自娱，玩世不恭。

南郭子綦隐机而坐，仰天而嘘，荅焉似丧其耦。颜成子游立侍乎前，曰：『何居乎？形固可使如槁木，而心固可

和谐清静。

三、逍遥要无待，要虚己，要顺应一切外物的干扰——更不要说追求外物了。应该说，这里要求的是彻底的主观精神的无欲无求，才有自由。

四、逍遥要无用，也就是无所求的结果，无用则无累，无累则自由。

五、逍遥要与大道合一，如至人、真人、神人，与大道合一则无所不能，无所不适，可以超越世俗而不被束缚。

人与人是不同的，追求逍遥的结果也不一样。

而这是庄周的逍遥观。说得简单一点，就是不受外物的牵动。

也不要被物的困扰，夫复何求？

齐物论：彻底超越的思路与境界

一 高下有序

生命的真正意义何在？人生的真意究竟是什么？人生的态度又应该如何选择？

一代又一代的人都曾思考过这个问题。概括地说，可以分为两大类。一类是积极的，有所作为的。

的积极立德、立功、立言，保学家之所谓保学，艺术家之所谓艺术，革命家之所谓革命，道德家之所谓道德，以至于

业者之所职，学人之所长于此乎，皆含有积极的意义。

使如死灰乎？今之隐机者，非昔之隐机者也。』子綦曰：『偃，不亦善乎，而问之也！今者吾丧我，汝知之乎？』

南郭子綦坐在桌几后边，把自己挡了起来，仰面长出一口气，蔫蔫地像是丢了魂儿。颜成子游，站立在子綦面前侍候，问：您这是怎么了？形体原来也可以像干枯的树木，而心儿原来也可以像死灰吗？今天在桌后的您，怎么不像原来桌后的那个您呢？南郭子綦说，你问得真好，这回呀，我把我的自我给丢到一边儿去啦，你懂不懂……

《齐物论》一开始，庄子讲起了子綦的隐几而坐，萎缩在小桌子后面，仰头长出一口气，静止、谦虚、低调，既没有线条也没有式样了；嘘一口气当中却透露出某些块垒、某些自解与自得。这是得道者的标准姿态与表情吗？这是冷冷的骄傲与淡漠吗？这是失望者、悲哀者、麻木者还是迷茫者呢？是活人、病人、半死人、近死人、出家人还是绝望人呢？他是在嘲笑、蔑视世界还是自己？如果真的已经做到了形如槁木心如死灰了，不是可以自闭经脉，自我冷藏，呼吸几近全无吗？至少仅留一丝鼻息还不够吗？而在一仰一嘘之中，是不是子綦老回想起了当年的鲲鹏飞翔之志、之梦、之火焰呢？或者说，这种作槁木死灰状也是展翅九万里的另一种形式呢，是另一种不得已呢？或者说，这样的槁木死灰的描写，恰恰是对于鲲游南溟，鹏动扶摇，大瓠巨树的自打耳光呢？不管你有多么巨大、高明、真人、仙士、圣贤，关键是做到形如槁木，心如死灰湿灰的半死状态呀。已经槁木死灰了，你的身高体重翅长容积覆盖大小与潜水飞翔能力，有用无用之辨，又还有什么意义呢？

形（或面）如槁木，心如死灰，这是至今鲜活如初的语言，庄子这几句写得好狠，绝对化而且冷冻化。后世的小说家言中常常以之形容坚定守节的寡妇或修行变性了的尼姑，有时也可以以之形容绝顶失意的政客。这很妙，这里头

包含着弗洛伊德的内容。没有比用这两句话形容，不单单是性欲，且是一切生的欲望的消失与毁灭更生动的了。

庄子是特立独言的，他偏偏以如今用来形容绝望与活死人的说法来规定来命名伟大得道者的基本品质。看来，庄子对于外界的与内心的不安、困扰、诱惑、戕害、折磨是太敏感、太体会强烈、难以忍受了。在那个混乱的、争夺的、血腥的却又是为野心家们提供了极大极多的机会的年代，在那个英雄辈出、奸雄辈出、群魔乱舞、冤魂遍野，如鲁迅所言欲稳坐奴隶亦不可得的年代，精英与自命精英们，谁不充满欲望、恐惧、侥幸、冒险心，谁不垂涎三尺而又坐卧不宁，谁不被外火烘烤吞噬，谁不被内火焦灼催逼？没有这种内外交困、屡战屡败、体无完肤、伤口淌血的痛切的直接或间接经验、体验，怎么可能向往槁木死灰的境界？

聂绀弩有句云：『哀莫大于心不死，名曾羞与鬼争光。』有一个诗人朋友给我写的版本则是『哀莫大于心不死，无端幻想要全删』，不知后半句是否他所加。也许他们能正确地体会槁木死灰的道性与道行？但更像是泣血激愤之语、控诉之语。不，这不是修养，而是抗议。

庄子呢？

当真做到了槁木死灰，做到了丧我、忘我、无我，会不会反而快乐起来、膨胀起来、骄傲起来呢？绝难，但是不无可能，这就是我喜欢说的泪尽则喜。这也就是泪即是喜，喜即是泪，大悲才能大喜，大喜才能槁木死灰。《红楼梦》中贾宝玉最后出了家，见到他爹贾政『似喜似悲』，拜了几拜，唱道：

我所居兮，青埂之峰。

我所游兮，鸿蒙太空。

谁与我游兮，吾谁与从。

渺渺茫茫兮，归彼大荒。

哪怕是高鹗的续作，几句唱词仍然有庄子的味道。宝玉未必能有与子綦老的可比性，两个『游』字，鸿蒙与渺茫的形象与解脱而后逍遥的含意却直奔庄周。其实早在第二章『冷子兴演说荣国府』中，贾雨村的评论中已经提出了许由、陶潜、阮籍、嵇康……这些庄子的精神一族的兼具正邪两气（其实就是封建主流与社会另类两种精神价值取向）的『理论』了。

有一位作家说过，只有深刻的悲观主义者才能做到乐观。这话有趣，只有去掉对世界、对他人乃至对自身的不切实际的幻想，才能安顺快乐。

而老子的话是『吾所以有大患者，为吾有身，及吾无身，吾有何患』，我们常说的患得患失，不就是那种肤浅庸俗的对于自身的名利地位盘算吗？如果你自身不那么斤斤计较，你还有什么可以患得患失的呢？

与『吾丧我』接近的还有一个比较正面的词儿，忘我。无论是在革命中劳动中创造中战斗中表演中竞技中游戏中爱情中美景中，人们都可以达到一种巅峰状态、献身状态、专注状态、高潮状态，即吾忘记了自身的存在更忘记了自身的得失的状态。巨大的满足带来巨大的向往、崇敬、依恋、献身趋向与对一切的忘却与忽略。

然而这与庄子的坐忘又大大不同，庄子的坐忘与丧我，是在非高潮的状态下，在虚空无为无心无意绝对自然的状态下的忘却，是对于巅峰与献身的拒绝，是槁木死灰式的丧我，是冷如冰雪的坐忘，甚至是冷如冰雪中的自得其乐：这带有中华文化的独特性。

我们的传统观念之一种，是真人不露相，露相非真人。我们心目中的最可畏的君侯是喜怒不形于色即面部无表情的君侯统治者。而更高的王者角色的特色是虎变难测，据说老虎身上的斑纹是常常变化、难以预测的，所以权越大越要杜绝透明度，令谁也摸不着底。著名影片《周恩来》的开始有一个场面，周恩来对贺龙（？）说，『文化大革命』会怎样发展，谁也不知道。

同时我们的最佳、最玄妙的理念是以静制动、以气胜力、以退为进、以无胜有、以不变应万变、以少胜多、借力打力、韬光养晦、知其白守其黑、知雄守雌、难得糊涂。两千多年前，范雎就是靠装死、越王勾践则是靠装熊装贱取得了最后的胜利。这样的常处逆境中的哲人、能人、阴狠之人或大志盖天之人，锻造出来独特的哲学，自然就可能把槁木死灰当成学道、道行、道性的最高境界。

有学人对于『今之隐机者，非昔之隐机者也』一语特别重视，以为这包含了古希腊哲人赫拉克利特的一句名言『人不能两次走进同一条河流』的思想。不错，庄子也有『与时俱化』的主张，在《秋水》篇中大讲『物之生也，若驰若骤，无动而不变，无时而不移』——或快或慢，一动弹就会变，一眨眼就会挪窝。他肯定变化的无时不在无处不在，嘲笑对于变化的恐惧与徒劳的对于不变的追求，尤其是人应该懂得生命的过程就是一个化生为死的过程，不应该为之悲泣哭闹。但这里讲的今之子綦非昔之子綦，突出强调的是子綦的更上一层楼的精神境界、槁木与死灰的境界、吾丧我的

境界。从子綦所讲的『今者吾丧我，汝知之乎』可以看出，昔者，昨者，子綦的修养尚未达到这一步，还未能完全丧我，还有我的残余，汝知之乎，子綦是以通报一项新发明新成就新水准的得意心情讲这个丧我的。这是庄子所主张的一个内心功夫，是一个处变不惊、不受任何干扰伤害的无敌于天下的内功，是个人修养的极致。

类似的说法在《庄子》外篇《刻意》中也屡有涉及：

> 夫恬淡寂漠虚无无为，此天地之平而道德之质也。故圣人休焉，休则平易矣，平易则恬淡矣。平易恬淡，则忧患不能入，邪气不能袭，故其德全而神不亏。故曰：圣人之生也天行，其死也物化；静而与阴同德，动而与阳同波。不为福先，不为祸始；感而后应，迫而后动，不得已而后起。去知与故，循天之理。故曰无天灾，无物累，无人非，无鬼责。其生若浮，其死若休。不思虑，不豫谋。光矣而不耀，信矣而不期。其寝不梦，其觉无忧。其神纯粹，其魂不罢。

说是安适、淡漠、寂寥、虚无、无为，这才是天地的素常平衡状态，是道与德的品质。所以说，圣人休止于此就能够平易自然，平易自然了就能够恬淡虚静，平易自然而又恬淡虚静了，那么忧愁祸患也就无法侵入，邪祟瘴气也打不倒他，故而他的道德之体用保持完整无缺，他的精气神也不会亏损。所以说，圣人之出生是与天同行，他的死去是与物俱（变）化。静止的时候他与阴同样的体用，动的时候与阳同样的匹配。

还说是圣人不作幸福的源头，也不作祸患的成因，不作任何求福招祸的事情。有了刺激了，才有反应。被推迫了，才有运动。不由自主了，才会发动。去掉智谋与巧伪，一切遵循自然的法则，没有天灾，没有外物的累赘，没有人际矛盾，也没有对于鬼神的得罪。他的生存好比飘浮，他的死亡好比休息。用不着思虑盘算，用不着预先筹划，虽然光

亮但并不炫耀，虽然说得到做得到却不许诺预约。圣人睡觉不会做梦，醒过来不会发愁。他的灵魂纯净无杂质，他的精神活泼不疲惫。

基本用意类似，但此段的说法比较容易被人接受。不知道是不是后人觉得槁木死灰之说，太过分了，乃有所修正。

恬淡之说，儒家也是可以接受的，如孔子讲的『不义而富且贵，于我如浮云』。恬淡就是对外物的浮云主义观。浮云则淡，浮云则变动不羁。浮云则与己无碍，态度够得上恬淡了。孔子讲的『贤哉回也……人不堪其忧，回也不改其乐……』也包含了对世俗所谓的富贵的恬淡态度。而且和道家一致，庄子也提倡其生若浮——浮云。

从恬淡发展到『甘于寂寞』，则是到了今日的中国仍然在提倡表彰的。虚无无为则与儒学不一致，老庄让你恬淡的用意在于皈依虚无、无为的大道，获得精神上的解放、逍遥、优游、闲适，是为了达致生命的最佳状态。而儒学的恬淡则是为了道德精神的升华与纯净，是只讲奉献，不讲索取，只讲义务，不强调权益。

如果说西方在文艺复兴运动以来，注重研究，至少是在口头上与学理上提倡对于人的权利(human right)的尊重的话，那么中国的孔孟，更注意的是人的道德义务（可以说是human obligation），而老庄注意的是摆脱社会与人群的羁绊，获得个人的天年、逍遥、自在……好也罢，坏也罢，自个儿感觉良好，至少不那么恶劣就行。

> 虚无恬淡，乃合天德。故曰，悲乐者，德之邪也；喜怒者，道之过也；好恶者，德之失也。故心不忧乐，德之至也；一而不变，静之至也；无所于忤，虚之至也；不与物交，淡之至也；无所于逆，粹之至也。

于是将虚无恬淡看做与天地同辉的大德。所以说，哀乐，是道德走上了邪道；喜怒则是道德上出了过错，好恶，

是道德的缺失。有心却无忧无乐，这才是极致的道德。抱元守一，绝无变易，才是极致的平静。不在乎挫折悖谬，是虚无的极致。不受外物的任何干扰，是恬淡的极致。不计较顺逆，是精纯、纯粹的极致。

庄子认为，有悲有乐，那正是违反了天之德，且看，天什么时候悲过乐过？有喜有怒，那就偏离了大道，大道恒常，啥时候喜过怒过？有好（喜爱）有恶（厌恶，恶读物），是丢失了天之德。所以说，心里没有忧与乐的分野，是德的到位的标志；心情始终如一，不怎么变化，是既安且静的标志；与万物无悖谬无冲突无妨碍，这是胸怀虚冲的标志；与外物无互动，这是淡泊的极致，没有任何事与外界顶牛较劲，这是纯粹干净的标志。人们能做到这一步，可就太好了，大不一样啦。

天地不仁，这是老子的一大发现，天地与人不一样的地方就在于天与地并不那么讲仁爱、讲感情、讲情面、讲善恶、讲道德，而人们呢，尤其是儒家偏把个什么仁义道德强调到无以复加的程度，这正是人类的痛苦焦虑不安的一个根源。不仅天地与圣人是不仁的，同是强调仁义道德的人类，各自对于仁义道德的理解与标准也是不同的，此是一；在仁义道德的坚持后面有阶级利益族群利益的背景，此是二；趋之若骛的仁义道德，由于它的煽情化、时尚化、哄闹化而实际上是伪仁义道德，例如中世纪与第三帝国希特勒的仁义道德，此是三。你说你公道，他说他公道，公道不公道，只有天知道，而老子的说法，天地也并不知道这个仁义道德。为了各自的不同的乃至是互不相容的仁义道德，而发生的族群与族群、学派与学派、宗教与宗教的斗争直至战争，从古至今，难道还少么？

那么如果你做不到恬淡寂寞，虚无均为，你更加做不到槁木死灰一般的对待天下的纷争鼓噪，你会怎么样呢？于

是有了各种的哭天抹泪，有了各种的仇恨愤怒，有了冤冤相报与以暴抑暴；有了战争、暴政、造反、人间的永远的敌对与厮杀；至少是有了屈原也有了陀思妥耶夫斯基，有了《窦娥冤》也有了《悲惨世界》，有了『牛虻』也有了『切·格瓦拉』，也有了同样属于拉美的独裁者智利的皮诺切特。于是大多数人的一生都是冤屈的，是被老天爷、社会、历史与他人他族他国欠了账的，是既痛不欲生又死不瞑目的。人生是太痛苦了啊。那么怎么样减少与逐渐取消这样的痛苦与焦虑不安呢？

老庄认为，尤其是庄子认为，只能疑人，屈人，反思人类的荒谬、文化的荒谬、竞争、斗争、战争的荒谬与残酷，要反思人们的一厢情愿，而掉转自己的方向，不再一意孤行，转而从天、顺天、跟着天道走，而不是跟着人心人欲与人们所谓的文化，其实是人的单方面的意愿走。人应该像天呀地呀圣人呀一样的淡漠起来，冷冻起来，无心无意无情无所谓起来，一切由命，不再痛苦，不再抗争，不再牢骚，不再愤怒也不再期待。一句话，愚蠢与渺小的人们啊，你们别闹了，别自以为是啦。人啊人，你们算了吧。

故曰：形劳而不休则弊，精用而不已则竭。水之性，不杂则清，莫动则平；郁闭而不流，亦不能清；天德之象也。

故曰，纯粹而不杂，静一而不变，淡而无为，动而天行，此养神之道也。

庄子（或假托庄子之名写庄子外篇的某人）接着分析，形体一味辛劳而不得休息，人就会过早地衰老枯竭。精神精力没完没了地使唤，就会疲惫劳累，而劳累太过，人就完蛋了。让我们以水为范例吧，水的特性是，不夹杂什么污秽肮脏，它自然是清澈洁净的；你不去搅动它干预它，它自然是平静的。人为地去阻挡封闭，被堵塞郁积的水也清纯

不了。这些正是天生的德性、天生的规则、天生的特点。所以说，人把自己搞得纯粹一些，而不是芜杂混乱、杂七杂八，人把自身搞得平静恒常一些，而不是忽这忽那，变化无常，淡漠而不急于做什么，运动呢，则是按照天性运行，这就能很好地涵养保持自己的精神啦。

师法自然，这是中华传统文化的一个特色，书画要师法自然，武功，也要师法自然，做人，也要师法自然，这也叫从格物致知中寻找大道（却不一定是自然科学与实用技术）。这里的庄子或者代庄子，对于水的研究还相当认真。水不掺和杂质自然就会清洁透亮；水不被搅动，自然就会平静、保持水平、能较准确地反映出外物的印象，完全不让水流动也不行，该动该流淌还得流淌。

其实毛泽东也受了传统文化的影响，但是他强调的不是静止而是运动，他喜欢列举的说法是『流水不腐，户枢不蠹』，即流水不腐烂变质，而不停地开了关了再开了的门户的那个转轴不会招虫儿。

中华传统文化强调的是万物万象的一致性，自然与人的要求的一致性，这有点自慰自安、自我满足与自我循环的意思，影响了我们对于万事万物的差别性、特殊性的详尽掌握与开发利用。但是它从另一个角度也可以启迪人们对于世界的认识。尤其在分科日益精细、节奏日益加快、竞争日益激烈的全球化与现代化的今天，庄子的这种更强调退让、克制、主观满意，减少对于外物的征服心、使役心、斗争心的主张，虽然不能全盘被接受，却是剑走偏锋，对于人的内心生活有某种补充与平衡的意义。

老庄也是喜欢讲一面理的，其实人类的歧见、讨论、辩论、竞争、纷争、斗争乃至战争，人类的对于自然的种种

不适应不满意，既是苦恼的根源也是文化进步的动力。虽然进步会带来新的问题新的苦恼，进步仍然是进步，文化仍然是文化。我们无法使人类回到类人猿时代，文化的进步，价值观念的强化、细腻化与合理化，都是无法扭转与阻挡的。

有一种说法，说是中华传统文化是早熟的文化，早在几千年前，中国的老庄就看出了竞争、纷争带来的负面因素，他们的许多今天看来不无另类的说法，其实有助于人类在自身的日新月异的发展进步中考虑到另一面，从而有所调整、有所控制、有所平衡、有所节制。那可就是老庄之幸、国人之幸啦。

同时，抚今思昔，我们也完全可以想象可以理解清末民初，特别是五四新文化运动中，一心爱国救亡的前贤们对于槁木死灰主义的愤怒与失望。我们今天讲什么传统文化，是经过了五四洗礼的传统文化，是在艰难地但也是胜利地走向现代化的时期的对于中华传统文化的回顾与弘扬，正是五四与现代化的努力与实绩，挽救了中华传统文化。如果时至今日，又以读经来救国，将五四与『文革』相提并论，那么，这种文化爱国主义，就只能走向文化误国主义了。

二　天籁地籁

前一章说到南郭子綦的形如槁木、心如死灰的道行。颜成子游向南郭子提问，想知道他的槁木死灰的新面貌是怎么回事。子綦说他问得好，然后强调他是做到了『吾丧我』。

一般的从语义学上说，吾就是我，我就是吾。但庄子——子綦的妙论十分引人入胜。古往今来，许多庄学大家，极其重视此玄虚深奥的说法，并给以伟大的解释：大致意思是说前边的『吾』是指真我，天生的、自然的、纯粹的、本真的、质朴的、来自大道、与大道相遨游相伴随的那个『很好的』我，而后一个『我』，是指我见，即偏执的、有

成见的、不免狭隘与浅薄的、受了人间——后天种种伪劣知识习气的影响的、被染了色的『不那么好的脏乎乎的』我。很妙，有点深奥。当然有理，世上万物，除了人，谁能自己观察又研究自己？我是认识的主体，我又是认识的对象。除了人，谁能自觉地观察自身、回忆自身、反省自身、分析自身、衡量自身呢？这样一种自我观察、自我反思、自我批判，正是『吾丧我』认识论的基础。

同时，主体的我——『吾』与客体的『我』的一身二用与适当分离，乃是中华传统文化强调的修身的命题所以可能存在的基础，也是许多学科的起点，例如心理学。

然而，把吾解释得那样好，把我解释得比较糟，这显然是学者自己的事，是学者以非常远离老庄的价值观念来硬性填充吾与我的内涵。吾与我可以有所区分，又实际上是一回事。吾当然即我，我无疑即吾。吾丧我，当然就是我忘记了我自己，我忘记了自己的存在，我身处对于大道的领悟、感动、崇信、无间之中，我已经得道而成至人真人圣人仙人，我已经乘天地之正，御六气之辩，游于无穷，根本顾不上、犯不着、不必要再为自身盘算什么。

读到这里，读者始终难免头上生雾水，原因在于，为什么南郭子綦紧接着『丧我』的伟大命题说起籁声的声学——哲学问题来了呢？据说籁的最初的意思是指箫声，是竹子做的管乐器。人籁就是箫被人吹出来的声音，地籁是地上的孔洞即地窍被风吹出来的音响，而天籁呢，恐怕难以讲说天上云里也会出现孔洞窍穴、发出声响吧？那么天籁应该说是天自然发出的声响？让我们慢慢思忖。

『女闻人籁而未闻地籁，女闻地籁而未闻天籁夫！』

子游曰：『敢问其方。』

子綦曰：『夫大块噫气，其名为风。是唯无作，作则万窍怒呺。而独不闻之翏翏乎？』

子綦问子游道，那么，你知道、你听到过人吹箫啦，当然，可是，你听到过、你知道啥叫地籁即从地的窍洞中发出的声响吗？你听到过、你知道以天为源头的声响吗？

子游很谦虚，他说：不知道，请您给我讲一讲吧，请把您的关于人、地、天三籁的说法讲解给我听听吧。

子綦说，大块大地，吐出气息，打出饱嗝，它就叫风。这种风不发作也就罢了，一发作就万孔万洞齐鸣。你就没有听到过那种大风吼叫的声音吗？

（噫，极可能指的就是饱嗝，但是古往今来的专家没有这样解释『噫气』的，可能他们觉得这样讲不雅。但是，从老庄的观点来看，一切自然的东西都不存在雅不雅的问题。老子讲大道，不断地用牝即女性生殖器为喻，岂不雅哉？无法更雅也，伟大至极也。以人为喻，打嗝比吹箫唱歌更自然而然，更非有意为之也。）

『山林之畏佳，大木百围之窍穴，似鼻，似口，似耳，似枅，似圈，似臼，似洼者，似污者；激者，謞者，叱者，吸者，叫者，譹者，实者，咬者。』

说是山林茂密重叠，（一说是山势盘桓曲弯）一百个人手拉手才抱得过来的大树上的洞穴，有的像春子，有的像嘴，有的像耳朵，有的像房梁上的方口，有的像圆洞洞，有的像春米用的杵臼，有的像坑洼，有的像浅潭或者烂泥坑。它们发出的声响，像水流激荡，像箭矢穿空，像怒骂发火，像啧啧吸吮，像大声喊叫，像号哭悲鸣，像呻吟怨怼，像唉

声叹气……

又进入了文章阶段，绝妙好词，形容比喻，洋洋洒洒，纷至沓来，节拍加快，令人击节。

遇上一位老夫子，带上十几位蒙童，摇头摆尾，拉长声调，将此段落吟诵歌咏，一唱三叹，其乐何如？

『前者唱于而随者唱喁。泠风则小和，飘风则大和，厉风济则众窍为虚。而独不见之调调之刁刁乎？』

这些声响，前后相随，接连不断，你唱我和，你吁我嘘。小风就小小地应和，大风就大声应和。暴风止后，众窍空空如也。难道你们就不能从枝条众物风中的摇摆中听出地窍的声响特色来吗？要不，也可以解释为，你就没有听到那树枝树叶摇摇摆摆的声响吗？

为什么说着说着各种窍孔，又说起树木的因风发声来了呢？庄子得意洋洋地讲了各种孔洞的声响之后，又想起了仅仅孔洞的不全面，捎带提一提人们更容易感觉到的树声？或者，此书本来就是庄子口述的记录，带有口语的非严密性、非逻辑性？于乎喁乎调调乎刁刁乎，还挺押韵。

子游曰：『地籁则众窍是已，人籁则比竹是已。敢问天籁。』

子綦曰：『夫天籁者，吹万不同，而使其自己也，咸其自取，怒者其谁邪！』

子游说，好，那么地籁是地面孔洞的发声（怎么又不提树声了呢），人籁是一排竹子发声（看来，那时的箫更像如今的排箫），我可不可以问问天籁呢？

子綦说，风吹万孔，让它们自行发声。发声各不相同，这是孔洞自己造成的，并没有谁在那里努劲或者激动、激发、刻意地要出声。

天知道子綦——庄子的讲天籁意思何在。子綦的回答根本没有回应对于天籁为何的提问。是说天籁就是风本身吗？按古人思路，当然风是从天上（空中）来的，而不是从地底下钻出来的。风本身有没有籁即声响，这里根本没有涉及，只是说风本意不在号叫歌唱，风没有这个动机也没有使这个劲力。天籁无声，至少是无意有声，是这个用意吗？一开头三籁并提，很有气势，说着说着，地籁独大了，天与人之籁语焉不详矣。

也有可能，天地人三籁说甚为完美辉煌，但何者天籁，子綦也罢，庄周也罢，尚未搞清，自然畸轻畸重，虎头蛇尾。

作为论述，这里确实有衔接不够严密的地方，作为散文诗，也许莫须有的南郭子綦先生有点意识流。强为之解，就是南郭以音响的层次作喻，来说明自己的道性道行所达到的层次非子游之流能够一下子弄明白的。

人籁吹响，吹出调式，吹出情感，吹出技巧，吹出目的——求偶、讨赏、炫技、自娱……最易掌控，不劳说明。天籁本无，有其道而无其声，虚无之籁，然而它是地籁的根源、能源，更是人籁的榜样，人吹竹管，不就是模仿天籁的刮风么？地籁则大可分析描绘一番。

奇怪的是，从南郭的提问来看，他似乎要讲三籁的区别与高下，讲境界、层次之区分即『匪齐』，讲人们如子游往往只知其一，不知其二，更不知其三。其侧重点尤其在于：人再吹管，哪怕吹出雷霆万钧之音，地之窍穴再发出花样翻新的声响，哪怕地籁令你如醉如痴，其实都是来自天的无声之籁的驱动。这也是讲井蛙不知观天，夏虫不可语冰，朝菌不识晦朔，蟪蛄不解春秋，不识天籁的人再研究人籁地籁也还是舍本逐末。

行文中庄子老人家兴冲冲地铺陈地大谈地籁，人籁是由请教者子游代说了一下，弄个竹管吹吹就算人籁了吧？子綦未置可否。也许是不值一提。从全书看，庄子对于人籁的评价观感都不会太好，至少是含着一片噪音喧嚣。要只是竹管反倒好了，还有人声包括吵闹厮杀哭爹叫娘，还有弦乐簧乐打击乐，还有挥动皮鞭大刀三节棍以及抽打肉身直到砍头凌迟的声音，现代化以来则有高分贝的枪子儿啾啾，炮弹隆隆，炸弹乒乓哼哧（crash）……

地籁则通过子綦之口写了个漂亮至极，山林之畏佳，大木百围之窍穴，似鼻，似口，似耳，似枅，似圈，似臼，似洼者，似污者。激者，謞者，叱者，吸者，叫者，譹者，宎者，咬者……生动具体，琳琅满目而又玄秘冷清，莫知就里，其铺染模拟之开放性、舒展性、奇异即陌生性，成就了一种文体，漂亮豪华却又不避鼻、口、耳、枅、圈、臼、洼、污、激、謞、叱、吸、叫、譹、宎、咬这些俗字俗相，不是像我们的某些自命精英者的穷酸的形而上，而实际境界是形而下、形而甚下。地籁云云本来很抽象，这样一写却显得很直观乃至于很通俗。三籁本来是一种奇妙的想象，这样一写就变得很亲切。你读柳宗元的《永州八记》、读拙作中篇小说《鹰谷》对于山水林木石花草的描写，都能发现庄子的影响。人能写文，文也能写人，文气文思文胆文神文情文势文威能够牵着写家的鼻子走，使写家如醉如痴，忘了自己要干什么啦。读书到《庄子》这一段，我的感想走到了这里。

《齐物论》地第一节，成为文章绝品，但是天地人三籁到底咋样，却只有天知道了——如果是高考作文的天地人三籁论，或槁木死灰论，更不用说是齐物论了，庄子只交这一段当作文试卷，应该算是跑了题，冲这一条这位考生就很难及格。

而且有趣的是，表面上，庄子的意图似应是用天地人三籁说明齐物即众物大同而只有小异的道理，说明争执的无谓、辩论的无聊，是非的并无固定标准。但是从文章来说，『地籁赋』的魅力恰恰在于他所写的地籁之丰富多彩，千音百调，匪齐匪一，多元杂陈。如果是写地籁不过一种，天籁人籁不过与地籁一致、齐一、一齐，天地人三籁是齐不齐一把泥（这是泥水匠的说法），这样的文字还有谁要看呢？

各式各色的地籁，写来洋洋洒洒，读来啧啧称奇，满足于阅读的快感已经不错，勉强找出本题来，则似指地表之窍穴奇形怪状，各不相同，各有成因，因风而出的声音也是千奇百怪，各走一路。千奇百怪却又万变不离其宗，都是大块的吹气喘息打嗝闹出来的。而且，这些千奇百怪的声音都是地穴枝条们自己发出来的，咸由自取，籁音自响，籁责自负。

以此来说明多种声音存在的不可避免性？说明万物由于处境、位置、形状、大小之不同而不得齐焉？说明不齐由于形状，齐由于动力动因？可能吧。识者教之。

至于天籁，是不是不太好说？表面上说，夫吹万不同，而使其自己也，咸其自取，怒者其谁邪？吹的风其实相同，出来的声不同，是它们自己不同，都是天籁，各取所宜所能，窍穴不同，自然声响不同，天籁正是地籁之音之驱动力，同样的驱动遇到不同的装置与定义，就会产生不同的音响。那么庄子——子綦的意思是：天籁本无声，地籁赖以鸣之；天籁本齐同，地籁自行分别之、歧异之、争斗之；天籁本不动情不怒不闹无意兴风作浪，是由于地穷的不同而出现了不同的喧嚣。地籁是如此不齐，人籁还能不乱成一团吗？那么协调众声众生众不齐的唯一办法便是回到统一的、本身

无声却又是众声之源之理之驱动的天之籁上去。

这可能还包含着一种暗示，人们各不相同，同样的天命、天道、天理，到了你我他她这里，各有不同的呈现。天籁说的其实是天道，天道有常，天道恒一，地籁是地上的万物万象，万物万象各不相同，可以说这是『地道』（不是地道战的地道）。人籁就是人的命运性格遭际，就是人之道，当然更是各不相同，而且互相斗争得紧。但是我们不可怨天怨道，我们也不可自行包揽主体，以为各种声音完全出自自身，那其实都是天的吹奏。您最多是管乐器，天才是乐手与指挥。咸其自取，庄子的这四个字含义不凡。你倒霉？你冤枉？你命苦？你点儿背？咸其自取！你明白点了吗？你琢磨出点味道来了吗？

人是自取的，人又是不得已的。什么叫不得已？此处尤其是后文，庄子多次讲到不得已三字，是说明人掌握不了自己的全部命运，决定不了自己的全部起止，一切源于天道，在听天道这一点上万物万象并无区别。听命于天道，取决于自身，你的那个洞穴就是与旁人不一样，虽然天道不怒不努（过于发力）不偏不倚，你能发出和旁人一样的声籁来吗？你抱怨谁去？这样想想，人们能不能踏实一点呢？

我们还可以理解为，庄子对于三籁的描写，最大的特色是赋予了声音以生命，赋予了发声的地窍以生命，赋予了地的发声的驱动力——天以生命。天与人一样，它要呼吸喘气，地也与人一样，它有许多的窍孔，会发声。永远拥抱着靠拢着体味着共鸣着天与地的生命现象与生命规律，努力追求着以道性为基础的天人合一，或者叫做天地人三者之和谐，更明白这三者之间的天而后地，地而后人的依存与师法关系，这是中华文化特别是老庄学派思想体悟的最最动人之处，最最富有魅力之处啊。

庄文着力写的是地籁，如今在人们口头书面中流行的词却是天籁，人籁地籁两个词儿已经为人们所忘记淘汰，这样一个接受史上的误差也极有意味。人们用天籁一词形容最美好的声音，天生的美声、天生的乐音、天生的愉悦与动情。叫做此曲只应天上有，人间哪得几回闻？杜甫的名句，也是把最好的音乐说成天籁。而什么地籁人籁云云，早就少有使用的了。

从接受美学上说，这不是由于天籁写得好，不，相反，是地籁写得好。然而天籁这个词构建得好，我们恰恰将之用做人声、乐声，歌唱家与演奏家发出的声音的最佳境界、完美质地的表现。一见天籁一词，你会立即想起春天的鸟鸣、秋天的虫啼、水波的溅溅、松涛的拂耳、破冰的响动、大雨的击打、庄稼的拔节与原生态的山歌，其美何如！至于籁而分三，三而实一，庄子的这些天才巧思、独特雄辩，早已经被老百姓忘到了一边。你是挖空心思，他是望文生义；你是深邃玄妙，他是简单明快；你是层峦叠嶂，他是直来直去；你是巍峨高峰，他是顺手捡拾；你是幽深万仞，他是只取表层。悲乎喜乎，蠢乎智乎，得乎失乎，谁知道呢？

再想想，数千年前的文字，能被世世代代的人阅读、接受、传诵；一个奇妙的思想家，非同寻常的观念与文体，光是生僻的字就一大堆，能被世世代代的读者所喜爱引用，他创造的词语能够变成伟大祖国的语言词汇组成的不可或缺的部分，你还要怎么样呢？即使庄子本人牛气冲天，又怎么可以痴心妄想，读者们在数千年后还保持着对于大作的原汁原味的解读呢？这么一说，即使是被歪曲，被郢书燕说，被深书浅说，被奇书俗说，也是幸运的啊，也是巨大的

成功啊。如此这般，这不也增加了老王谈庄的勇气了吗？

姑妄解之，仍然有再解读的空间。

三　大而化之法

庄子在《逍遥游》中先讲了一回『大而无当』。显然庄子是欲进先退，欲擒先纵，先把『大而无当』写成是肩吾谈论楚狂人接舆时对于接舆的批评与质疑，是表明肩吾无法相信接舆关于藐姑射之山上的神人的说法；然后借连叔对接舆的辩护，开展一场儒道之争。大而无当、往而不返云云本来是贬话，是说言语大得不着边际，大话连篇、无的放矢、不解决任何实际问题，是空谈误事蒙人。庄子这样写的用意在于以肩吾作反面教材，暴露儒家的小头小脑，鼠目寸光，只知道鼻子底下那点实用的事儿，叫做『小知不知大知，小年不知大年』。

庄子在这里是为大而无当正名，为常常被指责为『无当』无用、没有准头的大智慧大言说辩诬。

但是『大而无当』四字已经结结实实地流传下来了，人们是按照肩吾先生的贬义，而不是按照连叔——接舆——庄周的称颂之意，来理解、来接受这四个字的。至今，如果说谁谁或什么主张『大而无当』，没有谁会认为这是褒扬，而会认为此人只会搞假大空、空谈至多是清谈。

庄子为『大而无当』正名的苦心，白费了，属于无效劳动。

作为『大而无当』四字的近邻——同义词语，我们会想到『大而化之』的说法。这四个字也常指粗心大叶、没心没肺，不无贬义，却又包含着海阔天空、不拘小节、自得其乐的正面含义。而更多的今人对大而化之的理解是从大处看问题

想问题，也就能化解许多鸡毛蒜皮、斤斤计较、争拗纠纷、郁闷焦虑。

甚至我们可以说，大而化之是一种方法、一个法门。我们还可以说，大而化之是一种抗体，专门对付那种鸡毛蒜皮、寄生虫细菌，还有过滤性病毒。

其实首先讲『大而化之』的并不是庄子而是孟子，『大而化之之谓圣』，孟子的原意是说把自己的充实的美善发扬光大，感化世人，这是圣人的特质。几千年后，按孟子原意讲『大而化之』的人少而又少了，按大大咧咧、马马虎虎、粗枝大叶理解语义的人越来越多了。

这两个『大而』都并非按作者的原意接受与流传，这在接受学上又是一个很有趣味的现象。这也足够令古今中外的学人、思想家、精英或自命精英的人们喝一壶的啦。您的费尽心血、自以为很重要很精彩的思想语言判断，无人理睬无人问津固是寂寞不幸，被重视得流传甚至普及了，却仅仅是望文生义、浅尝辄止而歪邪到另一面去了，最后，普及了的恰恰是您费劲地要驳斥的那一部分。你的创造性的语词，从论点上说恰恰帮了对手，而是给自己帮了倒忙，这是好事吗？达到目的了吗？您的语词完全歪曲地、违反尊意地理解与一代一代传下去了，名传而理亡，语传而意亡，形传而神亡，传承到最后被接受的是你的对立面，是你的驳难对象，是你力图消除恶劣影响的谬误，呜呼，这未免晦气得紧。

我个人也有类似的经验，都夸赞我王某人早在上个世纪八十年代就提倡作家的学者化。其实，我从来没有提倡过作家的学者化，作家与学者是两类材料，两路文功。但是我十分担忧一九四九年后的作家的非学者化，即作家的学养

越来越差。作为作家群体的非学者化是值得担忧的，同样，作为群体的作家的学者化是不可能与不必要的。也可能到现在我也不能让朋友们准确地理解我的意思吧？

老子说得好，国之利器，不可以示人。伟大与真正高端的思想是难于示人的，高端少知音，普天下都是知音，都与您老人家一致，您的高端思想变成了波普，变成了大众时尚了，您就当您的学术明星去吧，您就成了畅销书作者了，您还恓恓惶惶地孜孜矻矻地掰扯个什么劲？您就在那里享受无为而治的逍遥硕果不就行了吗？

老子也是一样，他的高论曾被人（朱熹）指为『心最毒』。这也是逻辑学上、数学上的著名的『说谎人悖论』。你说：『我在说谎。』那么此话是谎是实呢？你的思想的核心是无为二字，那么你的著书立说算有为还是算无为呢？你们讲知者不言，善者不辩，知者不博……这些话本身是知还是不知？是辩还是没辩？是博还是不博？滔滔不绝而且应该算得上花言巧语（无贬义）、至少是极善言辞的庄周先生，他的迷人的文字是在辩难还是在齐物——叫做不争论呢？

中国人早在几千年前就研究起这种悖论来了，并且发明了对付办法：大而化之！

我倒是觉得深得如今所讲的大而化之之道的精髓的是庄子。大而化之是庄子的主要心术心道，是庄子能够获得人生与思想的享受的重要法门，是庄子的魅力所在。

为了言说大而化之的好处，庄子一定要说明小而病之、争之、毁之、执着不解之、抠抠搜搜之的害处。

> 大知闲闲，小知间间；大言炎炎，小言詹詹。其寐也魂交，其觉也形开，与接为构，日以心斗。缦者，窖者，密者。小恐惴惴，大恐缦缦。其发若机栝，其司是非之谓也；其留如诅盟，其守胜之谓也。

这一段对于世态人情、俗人心态的刻画极为生动。大智慧从容舒展。小聪明锱铢必较。大智慧大而化之，小聪明是是非非。小聪明者都是『事儿妈』。大言说气势如虹，小广播、小报告、小嘟囔，啰啰嗦嗦、叽叽咕咕、支支吾吾。以大贬小，这是中华文化的特点之一，我们常常相信大的比小的宏伟、超越、高尚、长远、厚重。而例如日本人，则以制造小、轻、薄的商品为能事，迷于只有十七个音节的俳句。

不能大而化之，只能小而病之。睡着了仍然精神交错，心思重叠，惦念混杂。一睁眼，千头万绪，心乱如麻。与外物一接触就发火斗气恶言恶语，不是你吃掉我，就是我吃掉你。时而犹豫不决，时而做局设套，时而诡秘阴暗。前怕狼后怕虎，不顺利怕挫折，顺利了怕上套，小事情怕丢脸，大赌博怕崩盘。攻伐旁人的时候易发难收，如射出去的弩箭。顽固死守的时候，紧紧顶住，不成功便成仁。

庄子的这些描写，出尽凡人俗物、钩心斗角的洋相。呜呼，已经几千年了，怎么庄子的描写就像是写今天？我这一辈子硬是见过这样的同人同事乃至小领导，对于这样的事儿妈事儿哥事儿老事儿小儿，你硬是拿他老哥无法是好。此种描写的生动性切近性精准性究竟是庄子的胜利还是失败？不是胜利，能至今通用，至今被读者拍案叫绝吗？不是失败，能至今对世道人心无效、至今不见作用不见长进而且愈演愈烈吗？

这里恐怕有一个以极端反极端、以悖论反悖论的问题。减少无谓的名词之争、从概念到概念之争、瞎子摸象之争是可以的也是必要的，是有可能逐渐收效的。至于以槁木死灰的姿态杜绝一切表达与争论，则只能存在于庄子的思辨中、幻想中、哲学乌托邦中。为什么说齐物也是悖论呢？既然齐物，齐物与好争好辩本身也可以齐一家伙，争就是不争，

辩就是不辩，小知就是大知，小里小气就是大大方方，斤斤计较就是逍遥大化，无道违道与得道行道都不必区分，不齐就是齐，无道也是道，没有道，哪儿出来的无道？没有无道，你又上哪儿体悟大道去？如此这般，有什么区别的必要、掰扯的必要？

其杀如秋冬，以言其日消也；其溺之所为之，不可使复之也；其厌也如缄，以言其老洫也；近死之心，莫使复阳也。喜怒哀乐，虑叹变慹，姚佚启态。乐出虚，蒸成菌。日夜相代乎前而莫知其所萌。已乎，已乎！旦暮得此，其所由以生乎！

反过来说，虽然齐物，也不妨碍我们探讨小知与大知的匪齐——区别。齐物并非人人能够做到，不能够大而化之的人不但齐不了也踏实不了，睡不好也醒不好。整天价耗神煎心，熬油伤身，早衰速朽，精神日益耗散提前进入生命的秋冬，靠近死亡，难于回转。他们沉溺于争夺辩论，无法自拔。他们如同被捆绑被堵塞，自我封闭，自我较劲，一个人转腰子，自我灭亡，无法救药。喜怒哀乐、焦躁愁苦、左右为难、进退失据。人为什么要活得这样累这样痛苦？这一切闹心的事情自何而出？如声响出自孔洞，菌类生于地气，虚虚飘飘，莫知就里，不请就来。鸡毛蒜皮乱哄哄，争来争去一场空。『弈棋转烛事多端，饮水差知等暖寒。如膜妄心应褪净，夜来无梦过邯郸。』（以上四句出于钱锺书一九五七年诗，意谓万事不过如此，争来争去，白费劲，即使车过邯郸，也休要白日做梦啊。）从早到晚忙来争去，其实是一无所知一无所获。休矣休矣，你算是只能糊涂一辈子啦。

这一段连同上段有一些小品文的风格。庄子描写小知小言的人的状态，有点刻薄，有点嘎咕（从调侃的意义上说，即一个人有点坏水），还有点幽默。同时透露着庄子的智力的优越感。他算是把小知小言者们琢磨透了，糟改够了，

勾勒臭了，要弄溜了。呜呼，这些小鼻子小眼，小心肠小计较的三流货色呀。这样的精神状态的特点是化不开，就是疙里疙瘩，化不开怎么样呢？就是精神上长了结石，更严重就是精神毒瘤。庄子——我要说他老是不无恶意地描写的这种精神结石状态，是值得人们深刻反省与警惕的。

但是这里有一个问题，我吃不准。大知闲闲，应该是正面的含义，闲闲是宽舒从容的意思。大言炎炎，一定是褒义吗？不可能是贬义吗？知应该追求大，前后文庄子都讲过此意，言要大吗？要那么气势磅礴吗？像前文所说的南郭子綦那样，能够大言炎炎吗？与啰啰嗦嗦的小言、高屋建瓴的大言相比，是不是不言更像子綦老人家的选择呢？庄子的大言炎炎中没有玄机吗？待考。

面对生存的争拗、伤害与疲劳，庄子开的药方就是大而化之。化是汉文中一个极有内涵的词儿。化是变异，是蜕变，是消解，是过渡，是出生（如造化）也是死亡（如坐化、火化），也是一种程度，如化境，是一种得心应手，得来全不费工夫的境界，按毛泽东的说法，化者，『彻头彻尾彻里彻外之谓也』。

精神品格足够大了，『背若太山，翼若垂天之云，抟扶摇羊角而上者九万里，绝云气，负青天，然后图南』了，才能占领精神的制高点，才会接近大道，从而获得一个无穷与永恒作参照系统，才会视渺小诡计、渺小得失、渺小欲求为无物。这样，也就得到了大自在、大解放、大自信乃至于大骄傲。你看着我无用，你看不到我的长处，我正好『树之于无何有之乡，广莫之野，彷徨乎无为其侧，逍遥乎寝卧其下。不夭斤斧，物无害者』，这样的人的精神状态，岂是整天求知遇呀，找伯乐呀，怀才不遇呀、怀忠不遇呀的恓恓惶惶者所能比拟的呢？

大而化之的结果一定是大而无当。这里的『当』首先是承当。缺少承当，缺少责任感，当然不是好话。情或有可原谅的是，东周春秋战国时期，你让庄子这种级别的漆园小吏去承当啥？封建社会的政治是封闭的少数权贵、皇帝与王公大臣、皇亲国戚直至宦官锦衣卫们的政治，没有政治参与可能的士人，是一味要挤进钻进那个有承担更有厚黑、残忍与危殆的圈子里好呢，还是大而无当地好呢？是知其不可而为之，粉身碎骨、夷九族、断子绝孙好呢，还是自我作废，鲲鹏神仙，大瓠大树地大而无当好呢？这就不好说了。一定要说，那就只能说是人各有志，人各有苦，人各有不得已啦。

这样的至人、圣人、神人，就有的吹啦：『若夫乘道德而浮游则不然，无誉无訾，一龙一蛇，与时俱化，而无肯专为……』

当然这指的仍然是精神层面的浮游，不是讲航空航天。掌握了大道，也就是掌握了一切，得到完全的化解，精神上卸掉了一切的担当与针对性、操作性、实用性。这样，才能从必然王国进入自由王国，化成龙也不妨化成蛇，化不成鲲鹏，不妨化成鷦鹩偃鼠。

欧洲人也讲自由王国，他们追求的自由王国是企图依靠社会、体制、人权、科学、技术、生产力组建起来的理想国。他们确实比我们的古人更务实一些，收到的实效也就多一些。

事物发展到今天，我们又看到，外部环境的改善并不一定意味着人的精神结石精神毒瘤的化解，并不意味着人的精神境界一定能够提升和开拓。而东方的这一套精神修养方面的哲学乃至玄学，以之处理国计民生金融实业发展建设外交国防奥运会世博会则不足，用之寻求个人的精神世界的与集团的社区的邦国的和谐与舒畅，寻求克制与解脱，则非无益焉。庄子的思想有利于精神的享受，而未必适用于实用与发展。反过来说，如果一味耽于生存竞争与欲望追求，一味通过高科技高消费来高速度填补欲壑，也永远得不到庄子的鲲鹏展翅、逍遥自由、无誉无訾、物无害者、一龙一蛇、与时俱化的化境。

从实用的观点看，庄子之论是无的之矢，是匪材之木，是零利益的精神资源，从精神享受的观点来看，庄子这一套令人称奇叫绝，不但能大而化之，还能如佛家所说的一笑了之，看穿一切，金刚不坏，自成一绝。

四　物我之辨

用中国人的说法，至少有两个大问题，令人想得『脑仁儿疼』，却难得其解。一个是关于起源与归宿，世界从哪里来，到哪里去，生命从哪里来，到哪里去，你我从哪里来到哪里去？

另一个麻烦的问题是物、外物、外界、世界与我、自我、主体的我的关系。何谓我？何谓物？何谓物我之辨？何谓役于物？（被外物所役使，我因外物在，则失去了自主性，失去了自由与主动。）

这两个令人脑仁儿疼的问题结合起来脑仁儿就得四倍（二的平方）地疼痛了。我从哪里来，我到哪里去？我什么时候、为什么会感受到知晓到我与物的区别？我是怎样地感知到我与物的区别的？我与物是一种什么样的关系？是君臣关系？统治与被统治的关系？限制与被限制、反限制的关系？是相融合、相知相利相补相悦的关系？是清晰的、明白的还是糊里糊涂想下去只能自我折磨的混账关系？

非彼无我，非我无所取。是亦近矣，而不知所为使。若有真宰，而特不得其眹。可行已信，而不见其形，有情而无形。

没有前文所描绘乃至嘲笑的那些生存的辛劳与尴尬，没有那些小知所带来的无限困扰，也就没有我的存在、我的感知与被感知。同样，没有我的存在，这些困扰也就无从感知，无从表现，无从下载。许多古人和今人都是这样解释『非彼无我与非我无所取』的。

但同时，这个彼也可能不仅是指前文，而同样是指后文，指后文也是说得通的：没有百骸九窍六藏（脏），也就没有我的存在与被感知。就是说，没有『我的』（我的身体、我的器官、我的情绪、我的生命、我的年龄、我的时运、我的言语、我的思想、我的著作、我的头衔、我的成就、我的灾难……）也就没有我的存在、感知与被感知。没有客体也就没有主体，没有物也就没有我。主体中又分化为客体，即我中分化出『我的』那些灵啊肉啊喜呀怒呀成呀败呀的玩意儿，分化出一个被主体的我所思考所审视所抚摸所追问的『我』——『我的』来。

而初学乍练的笔者老王，更愿意作更加抽象与概括的解读：非彼无我——没有认识或感知的对象就没有认识与感知的主体。非我无所取——没有认为与感知的主体，就得不到对于对象、客体的认识与感知。是亦近矣，而不知其所为使——这样分析问题已经够切近的了，仍然找不到那个把主体与客体区分开来的缘故或主宰。若有真宰，而不得其眹——好像或假如有这样一个真正的主宰，你却找不到它的征兆。可行已信，而不见其形，有情而无形——这样的缘故或主宰，已经在那里运作着了，主体客体已经在那里区分着了，却令你抓不着一个把手，看不到一个具体的形象，它合乎情理，却不具备具象。

庄子这里讲的本来是彼与我的关系，两者都是代词，一个是指示代词，一个是人称代词，我们完全有理由对于这两个代名词进行更抽象更哲学的分析。

再进一步，是亦近矣，庄子的意思可能是：这么考虑问题，思考而能达到这一步，也就能够靠近终极关怀，靠近大道、靠近真理、靠近根本观念的发现与获得了，然而，仍然不知道是谁在那里指使，谁在那里做主，谁在那里推动、驱动。（西方有一种说法，是上帝推了第一手，然后万物按照牛顿的惯性定律运转不休。）这么大的一个世界，这么焦心的一个主体，总该有一个真宰，即推动者、主使者、决定者吧？但你又得不到它（真宰）的眹——征兆。这个应有的真宰，推动着主使着主体与客体，都在那里存在与运动着，都是看得出来的，这些存在与运动，都是可以检验审视的（可行已信），但是你就是看不见真宰的形体形状。有真宰的情况、情形、情理、表现，但是从来没有真宰的形象。

也许更好的解读是将彼与我看成物与我，即客观与主观。同时，对于彼来说，我也就是此。没有彼也就没有此，没有那也就没有这，没有这也无所谓那。彼此、物我、客主、被动与主动、对象与主体，世界与自身都是相对应而存在。没有物，没有客体，没有对象，没有世界，哪儿来的自我意识、自我感觉？如果除了自我再无一物，没有光影、没有寒热、没有可触摸的一切软硬与形体，没有可感觉的一切能量包括电磁波、红外线、紫外线、化学腐蚀……哪里还会知道什么自己不自己？反过来说，如果没有我，没有感知的主体，至少是没有有感知能力的一个又一个主体，客体的存在、物的存在、世界的存在又被谁被哪一个所感受、所知晓、所传达、所论述？

（按：笔者的读庄手段不是找出庄文的唯一正确的解释，我怀疑究竟能不能找出唯一的与排他的正确解释来，找

出这样的解释的思路本身就与庄子的灵动的、注意相对性、注意同一性、注意对立的两面或多面的相通相转化相一致的主张背道而驰。我只是在尽量尊重前贤的解释的基础上，搜索与创造可能的说得通的解释，寻求在释庄上的创意与发现发挥，弘扬与发展新的可能。）

这样的关于物我的讨论，已经紧逼了生命与自我的最最根本的疑难：我究竟是什么？我究竟是哪儿来的？到哪儿去？我与被感知的『我的』一切，中间有什么关联有什么区别？我是我的主体，同时是我反思反观的客体，这个客体即被反思观照的『我』算是物还是算是我？还有此前庄子借子綦的话所说的『吾丧我』，即我可以忘记我，我可以成为无我——今日的说法则是无私……这样的悖论如何才能解决？

前贤或谓主体的、即第一性的『吾』才是真我，而被忘掉的客体的『我』是那个刻意的我、计较的我、被各种成见偏见私心杂念所蒙蔽歪曲的假我，是第二性的我。什么？假我？假我不是我？不是来自我？难道是来自外物？

还有，难道只有『我』被忘记被否定后才能成为客体吗？那么我的对于第二个我的满意与抚摸又怎么样解释呢？

我是我的主体，我又是我的客体，这是关于自我的悖论。例如镜子，你在镜子当中看到的是一个客体的我，而这个客体的我是你的自我即主体的我的相当准确相当及时的映象。你还可以自我欣赏、自我爱恋、自我批评、自我劝导、自我调整、自怨自艾、顾影（照镜子）自怜直到所谓战胜自己。就是说自我有观照自我与干预自我的能力，能够在感知的过程中将自己一分为二。

物与我的分离、互动、龃龉与困惑已经够烦人的了，现在又出来一个真我与假我的分离，第一我与第二我，即主

体的我与被观照被审视被爱抚的我的分离、互动、龃龉与互谅互恋互相沉醉，这真是活活地要人命啊！

印度人有一种类似气功与自我心理治疗的瑜伽功，其中一个功法就是（第一个自我）在静坐的过程中设想自己（第二个自我）的意念中有一朵莲花（第一朵莲花），而此莲花中有一个自己（第三个自我），莲花中的自己（第三个自我）心中又有一朵莲花（第二朵莲花），第二个莲花当中又有一个自己（第四个自我）……以至于无穷。

我与物有了一次分离的可能，就有了将一个我视作物（对象）的第二次分离，即分离成两个我的可能，有了分离成两个我的可能，就有了一直分离下去的可能，因为第二次分离的那个对象，完全可以被设想作又有自己的对象即第三个我，以至于无穷。也就是说，主体的我当中既然能够分离出客体的我来，那么客体的我就完全可能具备新的主体性，而再分离出更新的客体的我来。

这很像是两张镜子互相映照的效果，这种效果被称为长廊效应，每一方每一面镜子中都有对方镜子的形象，而对方镜子中都有本方本面镜子的形象，每个本方本面镜子的形象中又都包含了对方对面镜子的形象。

《红楼梦》中的贾宝玉，就是由于在两面镜子中间睡觉，才梦到甄（真）宝玉的，甄（真）宝玉与贾（假）宝玉面貌与环境相同，而人生观价值观始则相同，继则分道扬镳，终于各走各的路。

而人的自我比镜子更加神奇，原因在于，这里不需要两个我，只一个我就可以自己分裂成主体与客体两个方面，互相观照，互相研究，并且是自找麻烦，自己向自己提出一系列难题：

我就是我的感觉与情绪吗？喜怒哀乐、疲累煎熬是可以变化、可以或难于控制的，感觉有时候提醒自己、有时候

欺骗自己、有时候令自我欣赏、有时候令自我厌恶。看来，感觉不一定靠得住。但是『自我』要长期与稳定得多。当你想到我太倒霉了，我太脆弱了，我太狭隘了……的时候，你是在反省自我，批判自我。当你想我要开朗，我要乐观，我要坚强，我要清醒，我要经得住风浪考验的时候，你正在调整或者激励『我的感觉』『我的情绪』，那么我就不仅仅是感觉与情绪。我有时大于、长久于、稳定于、高明于『我的』感觉与情绪。

同时，也有另一种情况，主体的我，感觉自己硬是了然不得、解释不得、管不得自我。主体的我还在犹犹豫豫万般无奈的时候，客体的我已经凭本能，凭肾上腺激素、凭感觉决定行事闹出一系列风光来了。有时候恰恰是客体的我，没有想清楚的我比主体的理性的我更加丰富、干练与伟大，更加事迹辉煌。当然，也有自我控制不了的那个自我冒傻气乃至做错了事令主体的自我懊悔莫名的时候。

百骸、九窍、六藏，赅而存焉，吾谁与为亲？汝皆说之乎？其有私焉？如是皆有为臣妾乎？其臣妾不足以相治乎？其递相为君臣乎？其有真君存焉？如求得其情与不得，无益损乎其真。

一百多节骨头、九个窟窿眼儿（五官七孔与二便孔道）、六部分内脏（心、肝、脾、肺、二肾），都存在于主体之中。谁对于形成主体更重要一些呢？一样的重要吗？你都喜欢爱护吗？还是有什么亲疏远近之别呢？如果它们之间并无区别，那么它们对于主体来说，都是主体的下属臣妾吗？都是臣妾间就没有主次与从属的关系了吗？还是互相从属？这当中有主体的主宰者吗？找得到或者找不到主宰者，对于主体的存在、各部分的存在，又有什么影响和损失呢？

在庄子对于大知小知特别是小知者的心态，洋相刻画嘲笑一番以后，他紧接着又谈起身体的各个部件来。骨头节呀、

腑脏呀、九窍呀，这里讨论的已经不是彼与我的关系，而是我与『我的』的关系，是人称代词与物主代词的关系了。

是的，没有这些『我的』就没有我，但是我是从哪里出来主宰着这些『我的』脏窍呢？我是我的这些骨节腑脏与窍孔的真君——主宰与主体吗？你能设想你是主人而你的身体各组成部分是你的臣妾随从跟班吗？你的脚疼了，你会说『我病了』，这说明它们与你的自我不可分割。你的病足做了外科手术割除了，而你的自我仍然存在，你只不过会说我残疾了罢了。这说明你的自我与你的身体的某个部分仍然可以分离。

自我与『我的』，既可分离又不可分离，当你死亡以后，『我的』器官就不复存在，但『我的』著作、言语、精神、思想、功业将在不由我来做主的情势下，继续发展、延续、变易。

当然，人无头则亡，心脏停止跳动则死，脑部缺氧严重则成为植物人。但头、心、脑就是头、心、脑，头、心、脑并不等于自我。当你决定吃『脑白金』补脑的时候，当你确定做颅腔手术割除脑瘤的时候，当你得知自己心律不齐或需要吃『速效救心丸』的时候，头、脑、心是自我的对应物，是对象是客体是『物』而不是主体，不是我的同义语。

那么我是什么？是各种感知与情绪的总和？是身体各部位百骸、九窍、六脏的总和？是先有身体与各部位还是先有了自我？如果说是先有身体后有自我，那么这个自我是从哪里来的呢？他或她一出生就知道兴冲冲地吃奶，并为吃得好而高兴，又为饥饿或被蚊虫叮咬而啼哭，他或她的嘴巴、胃肠、皮肤、血管与情绪、表情、哭或者笑紧紧相连。能说自我尚不存在吗？反过来他或她并不为『非我』为另一个孩子的饥饿而悲伤哭泣，你能说他或她尚无自我的意识吗？你能说那些表情只是胃在愉悦或皮肤在抗议而不是婴儿的自我在呼号在反应吗？

或者说，自我是指我的灵魂，那么我要拯救自己的灵魂，如基督教的教义所演讲的，又是什么意思呢？显然，我之所以可能审视、评估、推敲、折磨与救赎自己的灵魂，是因为自我比灵魂更高更主宰更清醒也更能采取措施，更有能动性；是因为灵魂可以成为自我的主体，更可能成为自我的客体，为自我所用所处理所认识所抚摸所戕害所挤压或者予以舒展飞扬。

不能把我定义为自身的生理与心理的总和，总和与部分的区别可能是量的区别，是可以计算与比较的，而我与『我的』处于不同的平面上，它是不可比的。我们无法断定或设想我比我的某一部分哪怕是大脑、是灵魂、是意识或理性大多少，多多少，高多少。

这个问题就像鸡生蛋蛋生鸡的问题一样，是我生了我的，还是我的生了我？这个问题不解决不免茫然，庄子为之抒发了悲情。你不知道你是啥，你不知道前因后果，你不知道谁主谁次，你不知道谁君谁臣，你不知道主体与客体的关系为什么这样不协调这样麻烦。为什么要忙忙碌碌辛辛苦苦于主体与客体之间，叫做物我之间。为什么糊里糊涂地生下来，与此同时又糊里糊涂地走向死亡。谁能明白？谁能无忧？谁能知道自我存在的、思考的、痛苦的与经验的秘密？

这一点与西方的基督教思维模式颇不相同。基督教的核心是为人类找到一个主人——Lord，庄子在这一章里称之为『真宰』，而庄子对于主人的存在存疑。他列举了人的那些个器官设置，都是臣妾吗？轮流坐庄吗？果然有真宰吗等几种可能，目的是否定人格化主宰的存在。老子也讲大道是『生而不有，为而不恃，长而不宰，是为玄德』。就是说，世界万物的真正『主人』不具有主人的品格：你的真正主宰是大道，你的真正主宰是不主宰，是无为，是玄德，

是让你『自己』『自取』，是最高的本源与规律，而不是主人。从某种意义上说，老子与庄子的说法有它们的深刻性、宽阔性。其玄之又玄，众妙之门处，有优越于拟人间的 Lord 说的地方。

拧紧老庄的说法，自我的存在的要点在于道，我是道的下载、道的感悟、道的启示。道是万物的本质，也是生命的本质，是思想与追寻的本质，也是『我』与『我的』的本质。道是全部，是一切，是永远也是无穷，是运动也是造化，是本体也是驱动，是本源也是归宿，是客体与主体的统一，是物之齐、论之齐、生死与是非之齐。道又体现于一切，又表现为感知为思考为一切的生动与具体、一切的瞬间与个别。所有的对于『我』与『我的』的思量与感知，都是道心道性的表现。

> 一受其成形，不化以待尽。与物相刃相靡，其行尽如驰，而莫之能止，不亦悲乎！

一旦一个人禀赋父精母血、阴阳二气、天地之大德曰生，成就了自己的生命形体，他或她的趋向死亡的运动也就开始了，没有死吗？等待着今后死罢了。而且，他或她与外界外物相伤害相摩擦，他或她的趋向灭亡就像跑步走向终点一样，想拦也拦不住，这也太可悲啦。

这个说法甚至靠拢于西方现代主义的生存荒谬说。从卡夫卡的《变形记》、加缪的《鼠疫》当中，我们都能体会到那种刻骨的荒谬感，不同的是，卡夫卡与加缪的荒谬感是社会，而庄子的荒谬感针对的是人生。卡夫卡与加缪的荒谬感是沉重至极的，而庄子的神奇的思路竟然化荒谬为神奇，化荒谬为大道，化荒谬为逍遥与齐物！多么聪明的庄子！多么聪明的中国人！是不是中国人过于聪明了呢？

终身役役而不见其成功，苶然疲役而不知其所归，可不哀邪！人谓之不死，奚益！其形化，其心与之然，可不谓大哀乎？人之生也，固若是芒乎？其我独芒，而人亦有不芒者乎？

再说，一辈子辛辛苦苦，把自己累得身心交瘁却得不到成果，最后是一事无成，而且不知道究竟是要干什么，要向哪儿去，哪儿才是归宿，这不是太可怜了吗？这样的人生，即使还在活着，又有什么好处？又有什么活头？最后有那么一天，你的身体也没有了，你的精神也没有了，这样的生与死可当真是莫大的悲哀呀。是不是只有我才独独感到这样的困惑与茫然呢？抑或所有的人都与我一样的困惑而且茫然呢？

庄子的这一段话，突然脱离了逍遥、潇洒、豁达、开阔、大而化之的至人神人圣人之道，他说得忽然老实起来，我要说是惨烈起来，甚至于疯狂起来，他说得太刺激了！

只有你把自我与道联系在一起的时候，只有当你能够思考（我思故我在）的时候，也就是只有你已经接近了某种灵性、知性、道性的时候，只有你已经庶几成为道的选民，得到道的青睐的时候，你才能思考如下的大问题：彼（物）与我，取（感知）与被取（被感知），情（情理、运动、作用、被感知、状态与变异、抽象性）与形（具象、实体、量化与鲜明性），形与心（形化——死亡而心与之然——心亡），臣妾与真宰，损与益，役（被动劳碌）与归（回到自由王国），驰与止，芒（茫）与不芒（茫）……能思考到这样的大题目了，能为这样的大题目而不安了，近道矣，近矣！

这样的悲哀惨烈荒谬说明你已经在靠近大道。大道靠近了，更加危险，道魔一念间。人可能在接受大道启发的同

时感到了困惑与悲哀、清明与惨烈！因为你的心灵已经因大道的下载而苏醒，你的自我已经因大道而清明。但同时你的眼睛里已经不搀沙子，你也感到了『大哀』，感到了疲役（今天的话就是活得太累），活也白活（谓之不死，奚益？），还有什么芒（茫）不芒的牢骚与怨怼。

庄子在这里用的是将欲取之，必先予之的方法，他是在以退为进。他要去掉你的茫然与悲哀疲累，先替你把各种苦水吐完，然后告诉你：不，大道并不遥远，它存在于你的思考与感悟之中，存在于你的取与所取之中，存在于你的叹息与明白了悟之中，存在于始而哀之、继而茫之、终而明之的过程当中。尽管庄子的这一段说法不无对于人生与认知的悲剧性的叹息，但是它毕竟是通向大道，通向齐物的。它是哀尽而喜，茫尽而明，役尽而逍遥，疲尽而得到了无量无等无间的解脱。它以通向抽象的玄之又玄的对于我、我与物的、物与世界的关系的穷追不舍来制造你的悲苦与茫然，然后引导你：连这些你都弄不明白，还计较什么是是非非？还有啥想不开的？这正如《红楼梦》第二十二回《听曲文宝玉悟禅机……》中所写，宝玉听了一些禅语以为懂了点禅机，便胡思乱想，胡写八写，被黛玉与宝钗发现，于是黛玉与宝钗向他提出一些问题，结果宝玉不能答复，证明宝玉对于禅机的了解还不如二位女性，反过来，宝玉服了输，认识到自己并无资格谈禅论道，并无资格悲观厌世了。

用大白话来说，这就叫恶治，以毒攻毒，请君入瓮，再予全歼。

想得开，这个俗词极妙，想得开，就是想得开放、宽敞、透亮，想不开就是想得狭隘、封闭、黝黯。想开了，庄子使我们走向澄明，走向了然，走向逍遥，走向大而化之。想不开，您就和庄子、和人生的诸种根本问题较劲吧，有

王蒙讲说《庄子》系列

你的苦头呢。

回过头来，让我们再咂摸庄子的这个『非彼无我』吧，何必斤斤于前面与后面的叙述呢？彼就是彼方、那个，我就是此，也就是我方、这个。这里最好的解释其实还是老子的『有无相生，难易相成，长短相较，高下相倾，音声相和，前后相随』，没有彼就没有此，没有物，就没有我，没有生就没有死，没有死也无所谓生，没有疲役就没有逍遥，没有逍遥也就没有疲役，没有辩争就没有齐物，没有齐物也就没有辩争。天底下的一切都在互相矛盾，互相依存，互相转化，互为条件，人的悲哀其实在于往往只知其一，不知其二，只知其矛盾，不知其依存与转化。我之所以是我，正因为我对于物有所感受有所困惑有所龃龉，如果一切是百依百顺，是和合谐协，那就与根本不存在物、从而根本不存在我一样。如果贾宝玉与林黛玉中间一点矛盾没有、一点差异没有、一点隔膜没有、一点误解没有，那么两人就都成了对方的购自性用品商店的自慰器具，那也就没有爱情，没有《红楼梦》，没有文学，也没有千古的长叹了。一切的、古往今来的怀才不遇者、失恋者、怨气冲天者、牢骚满腹者，他们的价值、他们的存在的证明，恰恰是由于他们的有所取、有所期待、有所失望、有所迷茫、有所哭泣。但是最终呢？在尝尽了各种苦辣酸甜、愚智昏昭之后，他们能不能明白过来，能不能弃暗投明，能不能自我解放，能不能有所提升有所扩展有所飞翔有所超越呢？

啊，庄子，我们仍然需要你！

五　言语是非

在我这一代人的记忆中，『提意见』『有意见』，是流行于解放区的语言，是民主生活的一个初步表现。我最初

还以为『意见』是新名词、外来语呢。查查辞源，早在《后汉书》中就有『……意见偏杂，故是非之论，纷然相乖……』之说，《魏书》中又有『……众人纷纭，意见不等，朕莫知所从……』之语。看来，那个时候人们没有把有意见提意见与发扬民主联系到一块，而是看到了意见众多带来的是纷争，是困惑，是混乱无序。

人们的意见是怎么来的？人们的不同意见应该如何对待如何处理？庄子很关心这个问题。

夫随其成心而师之，谁独且无师乎？奚必知代而心自取者有之？愚者与有焉。未成乎心而有是非，是今日适越而昔至也。是以无有为有。无有为有，虽有神禹，且不能知，吾独且奈何哉！

人们其实是各有自己的意见（中性词）——成见、偏见（以上二词带有贬义）、主见与互不相同的歧见的。谁都拿着自己的成心——成见当依据当标准作判断，独独谁能没有任何成心——成见呢？谁又需要等待着自己有了见识、有了根基、有了独立思考才形成自身的见解呢？越是傻越有见解啊！并未经过充分的调查研究与思考而已经判断了是非，就像到达目的地——越国在前，而出发在后一样，是颠倒了次序、颠倒了过程的呀。是把没有的东西当做已有的东西，把绝非自己的思考当做思考，把没有任何根据的见解当做见解，把并不存在的是非标准坚持一番强硬一番。遇到这种糊涂成心成见，大禹在世也没有办法可想，何况我辈！

后人往往会羡慕春秋战国诸子百家争鸣齐放的时代。当然，后人在『定于一』的环境下，回顾早年的多元文化与人自为战，觉得颇有看头恋头。先秦诸子的百家争鸣，与后世的陈陈相因、重复背诵、咬文嚼字、一代比一代更加呆头呆脑、人云亦云、只甘心为圣人作注疏、再无创意、再不敢提出新见解相比，谁能不击节赞赏，谁能不啧啧称奇！

春秋战国时期的中国学术，阔多了！

然而，言论自由、学术自由、学术繁荣是要付出代价的。我二十年前就说过，其代价是言论与主张的贬值。庄子那当儿，除了令中华民族骄傲至今的孔孟老庄法墨等大家以外，各执一词，各说一套，吹牛贩卖，狗皮膏药，互相贬损而又自我推销，吆喝震天的才子大话狂，多了去了。有时候说的称了君侯的意，不但能骗吃骗喝，还能出将入相，荣华富贵，鱼肉乡里，横行霸道。有时候违背了君侯的意，落一个车裂腰斩，死于非命的下场。听到看到这样的众说纷纭、莫衷一是的场景，你会不会感到晕菜，感到是一种灾难呢？要知道那时候天下未定于一，未有罢黜百家、独尊儒术一说呀。尊儒呀，与道互补呀，这其实都是后世的事儿。

而那个乱世的权力与资源在握的君侯们，几乎个个都是急功近利的权欲狂，他们热衷的是得到奇策奇计，立马灭敌制胜，会盟称霸。谁还顾得上对于真理、学问（更不要说科学了）、终极关怀的在意？无怪庄子认为这样的百家争鸣无非是各有成心，皆是一面之词，都是在兜售自己的土法上马的江湖野药。那个时代不讲逻辑规则，不讲计算验算，不讲实验或实践检验，不讲实践是检验真理的唯一标准；可不就是各自经销，推广一个个偏执的主张加上花言巧语的包装。这样的学术风气，何必求师？何必去趸那些先入为主的成见？不必师从那些大言不惭的诸子百家了，就是个愚者，就是个傻子，也照样可以有自己的成见啊，自己拜自己为师还不结了！

这里有一个真理，应该说是有一个发现，是庄子道破了天机：越是愚傻，越有成见，越是排他，越是嫉异如仇，越是听不进去道理，越是勇于参加扑灭智慧、活埋真理的战役。想一想耶稣、苏格拉底、伽利略以及一些忠臣、志士、

伟人的遭遇，这不是够读者喝一壶的了吗？

这里最妙的比喻是今日适越而昔至也。可惜的是这话竟然没有像庄子中的其他妙语那样流传八方万代。本来今天要出发到越地（绍兴一带）去，而同时（自以为）昨天或头年反正是早就到了越地了。这荒谬吗？非也。这样的事还少吗？这样的事我们自身就没有发生过吗？毛主席不是早就提出过，结论应该放到调查研究的末尾，而不是产生在调查研究的开头吗？他针对的是什么？不就是今适越而昔至吗？

比如说，做了决定再开会，不是先有结论再一起论证掰扯吗？比如说先有了意图再考查，不过是搜集论据罢了，结论是早在考查前已经做出了的。比如，先有了名次再比赛，这样的事也不是没有可能或实际已经发生过的。比如假唱，舞台上装腔作势地演唱，放出来的却是早录好的带子或CD，这样的事不仅中国有，外国也已经『蔚然成风』，据说国外的统计真唱率只有百分之四十几了。而且人们喜欢这样，这样做是习以为常了。这不也是今开演唱会而昔早已唱过了吗？庄子的眼光是何等锐利，他发现的这个悖谬，这个秘密，叫做人人处处皆有，眼中笔下少提的世相、精神相、思维相，何其黑色幽默，何其难于避免。今适越而昔至，这比第二十二条军规还深刻新奇呢！

美国小说《第二十二条军规》是说，军规规定，精神不正常才可以允许退役，但是精神不正常的人是不会承认自己的不正常的，真不正常就不可能去正常地申请退役，而能够判断自己确有某些不正常处，因而能正常地去申请退役，本身就是精神尚正常的表现。

也就是说，第二十二条军规的实质在于，要求你忘越之后再申请去越地——昔忘越，而后，方可斟酌究竟何时适

越事宜。

昔已至的故事是针对人的不可能全无的成见的。在某种情况下，征求意见也好，进行论证也好，辩论不休也好，成立专案调查机构也好，其实早有定见，早无待于劳民伤财的研讨辩驳考察！

庄子讲得偏于消极泄气一些，但是它有助于我们在一定的条件下，对于适当的问题的一定程度的看穿与超越。庄子这样消极地对待百家争鸣以及等而下之的各种争论，政见斗争，从宫廷到市井，乡里的各种争辩，还有一个原因，就是他所处的时代，知识的积累与权威、知识的可靠性（尤其是那些关于治国平天下的知识）还缺少积淀，知识系统还相当缺乏建构，人们根本还顾不上去讨论检验真理的标准问题，一无积淀，二无检验，三无体系，四无时间——进行历史的淘洗，才让庄子『钻了空子』，把知识呀师从呀主张呀争鸣呀成心呀嘲笑了个一钱不值。

庄周的这一类说法，有助于克服教条主义与权威主义，克服主观主义与思想僵化，却无助于从人类的知识宝库中寻找智慧与深邃。这同样是如鲁迅讲的叔本华那样，叔氏说读别人的书就是让别人在你的头脑运动场里操练，鲁氏说，听了他的话无非就是让叔氏钻到你的头脑里折腾罢了。

同样，庄子把成心嘲笑了个够，那么他的一套与众不同的高论，算是有成心呢，还是无成心呢？算是师之可也呢，还是绝对不可呢？

无有为有的问题，也是人类认识论上的一个悲剧。与世界与永恒相比，我们的『有』（知识、资讯、经验、探求、结论……）是太不够了，我们不能不承认自己的无有，如苏格拉底所说，『我所知道的就是我一无所知』。苏格拉底

的名言当然甚妙，然而它仍然于事少补。你认为你有知也罢，无知也罢，你该说的还得说，该做的还得做，该躲的还得躲，该追的还得追。盖人生诸事不仅是认识与辨识的结果，也是欲望与需要、兴趣与好奇心、本能与反应、力比多与内分泌的结果。哪怕只是假说假设猜测想象，思维活动、学术活动、研讨活动仍然是十分诱人。我们其实常常会以无有为有，以感想感觉代替考察与实验计算。遇到这种以无有为有的情况，如神的禹也一筹莫展。原因在于人的知与不知、有与无本来就是相反相成的，是相依相伴的。知道得越多越会发现不知道的领域之阔大无边。从这个意义上说，毛泽东讲的书读得越多越蠢并非全无道理。读了一大堆偏见成见空论谬论悖论，多谋不断，犹豫不决，进退维谷，满脑袋糊涂糨子，这样的人和事我们看到的难道还少吗？

孙中山讲的也显示出了他的道理：知难行易。知难行易其实也是以无有为有，谁能说得透人生的诸端道理知识，谁能说得清人生是从何处来到何处去？谁又能因不知或尚未知其详便不好好活着？

参加革命或者建设的人有几个说得清说得准说得透革命与建设的道理与资讯？又岂不是成万上亿的人在那里革了命也建了设？人要硬着头皮活下去，写作人硬着头皮写作下去，体育人硬着头皮比赛下去，政治家硬着头皮发号施令，股市硬着头皮死撑……竟也有潮平两岸阔，风正一帆悬的时刻。这样的时候，越是没有越要有，越没有必胜的实力越要有必胜的决心，越没有长生不老的可能，越要有对历史负责（王夫之的说法叫做『论万世』）的态度，读书也是一样，越没有具体考据的工夫越可能会有符合常识与经验的体认，哪怕是姑妄解之。

庄子的重点则在于相反，他要说的是，那些滔滔不绝的讲学者一定有知识吗？他们会不会是强不知以为知呢？那

些所向无敌的辩才，一定有道理吗？他们会不会是学术窃贼、政治骗子呢？那些包治百病的灵丹妙药，果真是有效力吗？它们会不会是愚弄大众的假冒伪劣呢？百家相争中，除了提供论辩的平台、才华的展示机会以外，是不是也提供了大言欺世、牛皮冲天、泡沫学术、巧言令色的方便呢？

庄子的此类关于学问与成见，关于有知与不知的论述，归根结底，可以有助于让我们在自强不息、努力奋斗的同时，保持一点清醒与冷静，悠着点，避免极端主义与非理性火气，避免自以为是与一意孤行，避免偏执与霸道，避免自己与自己过不去。舒卷有度，刚柔并济，张弛得法，劳逸兼顾，是养生的原则，也是求知的方法，更是可持续做事的法门。你不一定时时事事全部能做到这一点，做不到也还要想一想，能这样想一想的人即能够作齐物之辨的人已经有些悟性了，有些逍遥了，有些道行了，有些快乐了。一句话，不蠢啦。

夫言非吹也，言者有言，其所言者特未定也。果有言邪？其未尝有言邪？

言说、发表意见不像风吹那样自然而然、轻而易举。言说者的言论、意见、见解，其实并不是那么有把握，并不是那样有清明的见地，言说之前或言说的过程中，他的见地没准尚未定型。甚至于，一个言者，在说话以前，他一定有话要说吗？或者未必，他本来无话可讲吗？他果真说了点什么吗？他其实自己说完了也就忘了吗？谁知道？

这是庄子的又一发现，很多人是说完了话才知道自己究竟要说什么与说了什么的。至少文学作者是这样，他在用笔或电脑言说完毕之前，他或她是弄不清自己要说什么的。从这一点看，两个人或两派争得你死我活，着实可笑得紧。

其以为异于鷇音，亦有辩乎，其无辩乎？

一个人的言论，为什么就异于，就一定与雏鸟破壳而出的本能的鸣叫不一样吗？你有什么根据什么标准来判定人的发表意见与雏鸟的乱吱乱喳的区别？还是它们其实属于同类，同属唧唧喳喳，根本不值得认真对待？

又一发现，人的言说，有时候与刚出壳的雏鸟一样，为出声而出声，为唧唧喳喳而唧唧喳喳。哪有什么认真的意义！北方农民的话，你说话无非是怕别人拿你当哑巴卖了。

道恶乎隐而有真伪？言恶乎隐而有是非？道恶乎往而不存？言恶乎存而不可？道隐于小成，言隐于荣华。故有儒墨之是非，以是其所非而非其所是。欲是其所非而非其所是，则莫若以明。

大道是隐藏在万物万象深层的，你并没有看到大道，你为什么就要判定真与伪？言词的真实含意也往往是深藏的，你未必弄得明晰，为什么却要分辨个你是与我非？（没弄清什么话就批上了斗上了，这样的事我们见到的还少吗？）道为什么常常是一晃而过，并不固定地守护着你阁下？言论为什么是撂在那里了，却未必被认可被接受？大道被渺小的成见所遮盖（或在细小的进展中隐藏着大道），言论被浮华的语词所阻隔（或在各种飘忽不定的语词中隐藏着箴言）。这样就出现了儒家与墨家的是非争论，你说非的，我要说是，你说是的，我要说不是——非，你果真想驳倒对手，颠倒改变他的是非观吗？那么你能不能更加明白一点、明达一点、不那么拘泥于成心成见呢？

言说者果真在发表意见时具有已经成熟的话语与固定的见解了吗？不一定。很多人都是说完了才知道自己要说什么、会说什么与实际说了什么。而且想说啥，能说啥，实际说了啥，别人的理解又是你说了啥，这四者常有偏差、位

移直到南辕北辙。言说本身就常常、不免是言语的驱动闹出来的，词会引出词来，句会引出句来（俗话叫做『话赶话』），连老子、庄子这样的大智者，从他们的著述里也可以看出词语的诱导与关联，为了文气，为了对仗，为了押韵，为了同义词与反义词的充分使用，为了语法与修辞的丰赡与奇妙（言隐于荣华），为了说法的俏皮与引人注目的效果，说过火了，说得不够火候，说岔了重点，说含糊了直到说走了形等，都是可能的。

何况人们言说与形成自己的意见的时候，还有许多其他的乃至潜意识的干扰。你有利益的考虑，你有情绪，你有好感或者恶感，你有力比多弗洛伊德。你为了与某某作对，竞争，为了出风头，为了一鸣惊人……你的论点之外的许多模糊因素都在干扰着影响着你。

我们还得承认为了言说而言说的事实的存在。这就像雏鸟的声音，并非为了发表学说，坚持理念，而是天然地本能地出声音罢了。不要以为儒呀墨呀什么大家名人的言说，一定比雏鸟的鸣叫更有内容。滔滔不绝，严丝合缝，义正词严，所向无敌的儒家墨家，互相辩驳的儒家与墨家啊，你们怎么想得到，庄子把你们的庄严争辩比作雏鸟的乱叫呢？

庄子叹息说，道是往而不存的，什么意思？道像过客吗？它走过去了，不肯停留。一龙一蛇，与时俱化嘛，道是微妙渊通深不可识（老子）的。道是不可能一劳永逸地被宣称已经在手在握的。道甚至是转瞬即逝的。得意忘言，似无似有。言是存而不可的。道看不见，恍兮惚兮。言可以留下来写下来，可以保存了，却又是众说纷纭，莫衷一是。存下来的言仍然常常不得认可，或者是今天认可过了些时间又不认可了；不得认可的言究竟又有什么意义呢？也许它的意义只在于招引无数的辩论，产生无数的是非，甚至获取怀疑与嘲笑，指斥与抬杠吧？

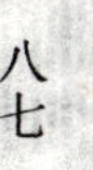

或许你的言只是有利于几个不成样子的沾光者啃招牌边者与酷评者？道为什么不能让人们明明白白地掌握呢？各种小头小脑小鼻子小眼儿的小算盘小伎俩小得意遮住了自己的眼睛。为什么那么多话那么多主张见解却得不到准确的理解与阐释？不仅如此，有了大道的命题就必然有反题：伪道、反道、歪门邪道。有了言的概念就必然有争辩有是非有无穷的纠葛有大量的空话套话废话蠢话。

（这里又碰到了悖论的暗礁，既然齐物，既然此亦一是非彼亦一是非，何必还要分清真伪与正邪呢？）

人是喜爱争论的动物。人与人间的相争，比任何物种内部的相争都厉害都复杂也都残酷。老虎并不吃老虎，更不会先批斗揭发老虎再处决。你说是的，我要说不是——非，你说不对——非的，我要说对——是。儒家与墨家是这样，你与我与他与她也是这样。能不能用一种更加光明、明朗、明白、透亮的态度对待这些是是非非呢？能不能把是是非非的争论看得光明一些、想得开通一些呢？

争论的人多，明白自己在争什么的不多。斗争的人多，明白自己在为什么而斗争的不多。早在二十世纪八十年代中期，就有人提出企业改革需要多一些明白人，呜呼，难得明白呀！有道是宁与明白人打架，不与糊涂人说话。可惜的是这种说法本身就不算太明白啦。

也许这里同样需要的是中庸？你不必热衷于争论是非，你不要拉山头立宗派，当一个宗派头头；你不要动辄卷入纠纷，是人家的非而非人家的是；你不要变成杠子头，变成自封的狭隘好斗的『思想者』。你要消除派别观，增加明达明彻明白明洁的了然度。尤其不要还没弄清一个名词的来源、前因、后果就陷入混战，如我常讲的，还没有做认

知判断就做出了价值判断。

同时，你不能也不该漠视一切，你的对于是非的超越不是由于你的弱智，而是由于你的超高智商。具有真正的高智商的人，其实并非永远不具有是非真伪的分辨能力与兴趣。无为而无不为。他舍弃的是嘀嘀咕咕，他得到的是微微一笑或轻轻一点，稍一点拨，是非真伪已经了然于胸。也许百分之九十的争论其实是不足挂齿的，是不值得一提的。然而总还有百分之十以下的事情、话题、论点、主张，值得认真对待。你不妨举重若轻地指出虚伪，糟粕其糟粕，精华其精华，不论效果如何，总还要求一个明白透亮。哪怕这个明白透亮只是留给旁人，叫做知其白，守其黑的。

就是说，你讲得明明白白，也可能只是让听者明明白白，你自己其实仍然留着黑洞，留着模糊数学，留着唯惚唯恍，留着调整变化的空间。

也就是说，你发表的意见无论做到了怎样地明达透亮，你还是要留下一点点，也必然留下一点点，不可能不留下一点点深不可识的秘密，这样的秘密你自己也还闹不成个小葱拌豆腐，一清二白。你应该珍藏你的这最后的珍宝，你的良知良能，你的不出户而知晓的天下，不窥牖而见识的天道。你不可能把这些暴露出来，因为它们无法离开你的人格与身心，变成可以传递教授的讲义或者要领。

六　道枢与圆心，永远立于不败之地

庄子教会了中国人说话，给了中国人许多思维的方法与说法。例如，『此亦一是非，彼亦一是非』云云，至今脍炙人口。但是今人讲这句话的时候，指的是公说公有理，婆说婆有理，是非莫衷一是。这样的话往往给人以模棱两可、狡猾世故、

逃避责任的感觉。这样地不分是非固然是一个思路一个说法，另样地去分辨是非，认真对待——即疾恶如仇、除恶务尽、是非分明、爱憎火热也是一种思路一种说法，后面的思路与说法比前面的似乎更鲜明，更感人也更强大。

呜呼，是非正误，谁又能说得清晰呢？一时或可清晰而且无可怀疑，谁又能永远清晰、永远了断分明呢？

然而庄子的原意要彻底得多。哲学是一门讲究彻底的学问，是一门不让你瞠目结舌一口气上不来不会轻易罢休的学问。庄子不但看到了公婆的各执一词，而且从根本上怀疑公婆之分是不是多余，是不是靠得住，是不是假象；而有理无理云云，是不是压根儿就是伪问题。

物无非彼，物无非是。自彼则不见，自是（或谓『知』乃『是』之误）则知之。故曰彼出于是，是亦因彼。

世界万事万物，不属于这边就属于那边，不是彼方就是此方，不是自己一头的就是对应或对立的另一头的，这就叫立场，立场的特点在于非此即彼。人们已经习惯于这样的思路这样的分野这样的模式了。而且人们往往认定：彼方、别人、对立面是不了解自己，是歪曲了自己，自己总是受误解受冤枉被歪曲的一方。而只有站在己方这一头，否定推翻了另一头，才能了解理解同情自己。立场决定认识，这就叫做屁股决定脑袋，你坐到了谁那边，你当然就向着谁。

然而，再想一想，没有你这一头，怎么会将没有站到你这边的他人看做另一头？没有另一头的对比，又如何产生一个印象叫做你们是这一头？你看着他是另一头，那么他笃定看着你是他的另一头、对立面、另类。一个巴掌拍不响，彼此的分野，是互为条件，互为前提，互为对立面，互为他者，英语叫做 others，『他人即是地狱』。

是（此）与彼互为对立，互为你我，互为是非：你认为他是，他才可能认为你是，你认为他非，他恐怕也会认定你非，

只有个别的少数的彼，你附和他的是非，他也还要找你的岔子，把你推向另类，乃至非把你往死里整不可。同样也只是极个别的，闻过而喜，听非议而不以为非，不但考虑到此方己方，而且能考虑到彼方，兼顾彼此的观点与利益。

不仅彼此，你、我，是、非，认同或者反对，这些都是相对的，相反相成的，没有这一头就没有那一头，没有那一头同样不会有这一头的思量。

庄子，还有老子极端地沉迷于、得趣于概念的相反相成、相悖相生、相逆相连以至延伸于无穷的妙奥。他们的智慧与思绪像风一样自由，来往穿行神游于截然对立的彼此、是非、可与不可以及北溟南溟、鲲鹏槁木、大瓠巨樗……之间，游刃有余，妙趣横生，无往而不胜。这是中国特有的一种循环反复的圆形思维、可逆性思维、循环思维、阴阳五行八卦相生相克互补互制思维。

老子早已指出：有无相生，难易相成，长短相形，高下相倾，音声相和，前后相随。庄子则抓住了（外）物与我、彼与是（此）、是与非的相对性大做文章。物看着我是外物，我看着物是外物。此看着彼是彼，彼看着此才是彼，同时彼看着彼才是此。而世界看到的人自己这个『彼』，恰恰是人自身的『此』。如此这般，何苦那样地彼彼此此，势不两立？

这首先是一种语言感受，是语言、概念（名）、词汇、语法、逻辑的智慧游戏。语言的流通流动流畅流转带来了思想的新发现新路径。其实世界万物远远不只是彼此、物我、是非、有无、难易、长短、高下、音声、前后两组概念、两分天下。对于世界来说，毋宁说是彼中有此，彼中有彼，此中有彼，此中又有此。

例如国家利益中有所谓核心利益一说，那就是此中之此。与大多国家针锋相对的力量中有极端主义、分裂主义与恐怖主义，那可说是彼中之彼。同样的对立面中又有鸽派，温和派，相对能以谈判，能够对话，相对容易沟通与和解的一派势力，可以说是彼中之此。今天的温和势力，由于价值体系或利益关系的冲突，终于无法避免一些根本性的矛盾冲突，终于变成了强硬派，此中又有了彼。

而且，世界上永远会有大量的中间力量、中性现象的存在。非此非彼者有之，亦此亦彼者有之，此而后彼者有之，彼而后此者有之。彼此彼此，此彼此彼，彼彼此此，此此彼彼，可能是绕口令，可能是糊涂账，可能是本无区别，可能是天晓得……更可能是大量的叫做无声的大多数。

但是琢磨出这个『彼出于是，是亦因彼』，即由于把自己看做此，才会把对方看做彼，反之，由于有了对于彼的定位，由于假定对方是与己对立或对应的彼方，才更明确了自身的此方性质，才更要巩固自己人、骨干、铁杆、盟友的团结凝固。这样的琢磨很令人得趣，令人如发现了新大陆。由于人们喜欢或习惯于人分彼此，物分你我，言分是非，利分得失，品分长短……人们、族群、地域、侯国就是这样越来越拉开了距离的，世界就是这样日益走向隔膜、分裂和敌对的。

对于庄子老子来说，一念之差，在应该齐而平之的万物万事上，偏偏热衷于争拗与分别，人类为自身找了多少麻烦痛苦纷争与自取灭亡！上述逻辑虽然感人，却未免有些走火入魔了。思想者们太拿自己的思想当做一回事儿啦。他们以为世界上的一切吉凶祸福都是思想方法、方法论、逻辑运用造成的，却忘记了还有民族、还有阶级、还有地域、还有行业的分野，还有利益的追逐、还有欲望的吸引、还有冲动与血性的煽惑呢。

现代心理学认为，婴儿本来是分不清物我的，要发育一个阶段才能分出物我彼此。《红楼梦》中贾宝玉与林黛玉的许多冲突，也是由于他们坚信既然相爱就应该相知，就应该心心相印，共鸣共享，不分彼此，实际上是只要求对方成为自己，要求物成为我，要求对方像自己一样地看事想事处事；但实际上做不到。而庄子追求的是，等到人长大了，分得清而且势必要分清物我与彼此之后，再通过哲学的思辨与大道的修养，重新回到物我无异，彼此同感，齐物齐论，如婴儿兮的境地。

同时，彼此的区分不仅在于位置、立场、空间坐标上，也在于生死、可不可、前后、变化等时间坐标上。

> 彼是方生之说也，虽然，方生方死，方死方生；方可方不可，方不可方可。因是因非，因非因是。

彼此之说一旦发生，方生方死之说也就形成了。什么是方生方死呢？一旦你开始了生命，也就开始了死亡。一旦有了此，也就有了彼。生命的彼方就是死亡，死亡的彼方就是生存。存在的彼方就是虚无，虚无的彼方就是存在。同样，认可、认同、接受的开始就是怀疑，就是不接受、不认同、不认可。你认定了某种东西、某种主张、某种道理为是，那么，同样的原因、同样的道理，也会使你认为原来你信仰为是的东西，后来成了非。你认定了某种东西、某种主张、某种道理为非、为错误，那么同样的逻辑也就可能使你开始认定原来认定为非、为错误的东西为是、为正确。

这话太精彩了，太深刻了，且听我慢慢道来。

生其实就是一个走向死亡的过程。从生的那一刻起，细胞的分裂死亡与器官的老化已经开始。同时，死亡的过程也是重生的过程，与你的死亡和老化的过程同在，是诞生、成长、延续、更新、激活的过程。而当你认同（可）某种

观念的同时，必然存在着从此不再认同、未必完全认同、逐渐修改认同的趋势。因为你的认同是有理由的，同样的理由可以使你认同，也就可以使你保留、怀疑与否定。例如上个世纪的五十年代的中苏同盟，有意识形态、国际战略、国家利益的考量，也有美国反华政策的原因，同样的原因，又造成了六七十年代中苏的极端交恶。

相知的过程中同时难免有相误解相错位的趋势。相爱的过程中可能有相不爱乃至相厌的元素。越是如胶似漆地相爱，越是由于期望值过高，由于爱的疲劳感陈旧感单调感，由于爱恋生贪欲，贪欲生嗔怨，嗔怨生烦恼（佛家语），尤其是由于你会因同样的理由同样的心态移情别恋，爱的开始才不但是嗔怨的开始，而且可能更是不爱的开始、背叛的开始。越是方可，也就是方不可，只有能够很好地克服相不爱相不知相厌，才能巩固相爱而至于永久。亲家往往也就是冤家，冤家往往也就是亲家。所以《红楼梦》中的宝黛，听了『不是冤家不聚头』一语，竟然如醍醐灌顶一般震撼灵魂。

国际关系上的这种方生方死、方死方生、方可方不可、方不可方可的事情天天发生。除中苏关系外，中美关系、中印关系、中日关系、中欧关系，都有自己的方生方死、方可方不可的轨迹。

同样是非也是如此，认同其为是，说不定是怀疑的开始。你认同A为是，原因在于A满足了你的衡量标准X，而不在于因为它是A。你否定B，你认B为非，不是因为它是B，而是因为它与你的『师』你的成心你的标准X相悖谬。然而，第一，A并不就是你主观上的成心X，A是一种客观存在，仍然是彼而不是此，A与X可能过蜜月，也可能出现龃龉；第二，你的X是发展的变化的，不是一成不变的，你的X会变成X1、X2、X3、X4……在你因X而认同

可肯定A以后，会不会因了X的发展，因了X1、X2、X3、X4而反过来不认可A了呢？当然可能。就像一个钟情的公子，由于A的善良和美丽，由于A的性感和气质而热恋上了A，你怎么能够保证他不会因为同样的善良美丽性感气质的缘由，而移情别恋B、C、D呢？

同样，你的否定B并不是由于它是B，同样也是由于X的作用，当X发生了变化，当B发生了变化，当你对B的感受认识发生了变化，谁知道事情会怎么样发展呢？这样就不仅有爱恋生嗔怨的可能，也有庄子此段所分析的爱恋的缘由变成了背叛的缘由的可能，虽然不是绝对的必然。

你的标准、你的「师」、你的认同，从属于一种观念了，你就会要求此观念的有效性、实用性、逻辑性、完满性、可验证性。你还要求此观念符合你的心思你的要求你的理念你的理想，能够达到你的目的。但是任何观念都不是万能的，都不是绝对理想的。期望值高了，就只能因是因非，因为你觉得它「是」，但它没有能够全部满足你的预期，从而你反过来认为它恐怕仍然是「非」。你期冀它的真理性如太阳般耀眼光明，你期冀它的有效性如神物般无往不胜，发现了半点不足便更易大失所望。你期冀它如硬通货一样到处好使，一遇拒收立马认定乃是假钞。

因非因是，因为觉得它错了，便认定它会迅速自行腐烂灭亡。如果它没有立即腐烂灭亡呢？尤其是，当自己背离了它之后，恰恰是你自己钉子碰得鼻青脸肿的时候，会不会反过来认为它才是千真万确的呢？这样的例子还少吗？越是西方发达国家，越可能产生真诚的与理想主义的左翼分子，真诚美丽的社会主义理想。而越是社会主义国家，越会为一心崇拜西方的不同政见者而头痛。

其实A的有效不等于B的无效与荒谬，也许B更有效或同样有效或庶几有效。A的无效更不能说明B的有效，也许B更无效或效果适得其反。但是人的思路往往简单粗糙，人的心态往往感情用事，人的急躁往往颠三倒四。人们一沾是非彼此，一沾选择利害，一沾方生方死，因是因非，更会是一错再错，将荒谬进行到底。中国人多了，世界上的人更多了，有几个能像老庄他们那样看得深刻，想得灵活多面长远？

依庄子的说法，不如减弱与取消X，减弱与取消对于A与B的不同的认知，大而化之，齐而一之，无爱恋，则无背叛，无方可，则无方不可，无因是，则无因非，甚至于是：无方生（的欢呼雀跃），则无方死（的悲哀虚空）。

是以圣人不由，而照之于天，亦因是也。是亦彼也，彼亦是也。彼亦一是非，此亦一是非。

所以高明的人，得道的人不走这个分裂对立偏执纷争的路，而宁可问道于苍天，也就是以大自然为主要的参照系统，不以自己的成心X为参照系统。由于你认为某个东西某个观念是正确的，才会认为不同的一切是错误的，由于你认定某种存在是错误的，才会认定其对立的存在是正确的。由于你认同了这一个思潮、学派、山头、圈子，才会与不同的思潮、学派、山头、圈子处于对立的地位。他则认同了另外的思潮学派……从而与你处于对立的地位。彼有彼的是非观，此有此的是非观。果真有这样的是非标准吗？还是压根就没有这样的标准呢？

庄子喜欢用提问的方式而不是全称判断的方式讨论问题，这是庄子高明的地方，这是庄子启迪人的思维的地方，这也是庄子为文的波谲云诡的风格特色。

果且有彼是乎哉？果且无彼是乎哉？彼是莫得其偶，谓之道枢。

当真有这样的对立与分裂吗？如果没有这样的相互对立呢？如果超越了这样的彼此、生死、可不可、是与非的对立呢？如果是一个巴掌拍不响（莫得其偶）呢？如果不去给自己的生命、标准、成心去寻找对立面呢？那就进展到道枢、大道的枢纽的地步喽！

下面是庄子的奇想、高论，奇而且高，是庄子的特色与魅力。庄子的意思是：请不要、千万不要处于极端、端点，请不要认同于、自居于离心力极大的圆周边缘上，那样的话你离被甩出被抛掉不远了。你最好是处于枢纽上。

> 枢始得其环中，以应无穷。是亦一无穷，非亦一无穷也。故曰莫若以明。

你最好选择那个离心力与加速度等于零的圆心，作为你的家园，你的立足点，你要尽可能地与各个点保持等距离，你就尽可以应对无穷的是与非了。是是无穷的，非也是无穷的，无穷的是与非一定争斗上一万年的，但你还是稳坐枢纽，稳视四周，稳如泰山，与各方保持等距离。这里，庄子的道枢的观点，处于圆心的方法，与孔子的中庸的观点有相通之处，甚至比中庸还珠圆玉润，还高妙无极，还出神入化。它表现了中华经典文化的圆通平衡折中相对的一面。中华文明是在激烈的争斗中奠定了自己的基础的，中华文明追求的是东方不败，是天下不败，是永远主动，永远立于不败之地，是很高的提前量与预应力，是随机应变，是足够的自我调整与发展的空间，道枢论、圆心论，太神奇了。

面对无穷的『是』，无穷的自称是真理的言说著作经典，又面对无穷的非，无穷的被批判被指责被宣称超越的谬论荒唐以及被称做的虚伪、欺骗与邪恶，你千万莫要卷进去陷进去，莫要绑在某个山头的战车上，你要当一个明白人，你要保持清醒，心如雪亮，不要上当，不要晕菜，不要发神经，你要正确地明智地对待不同的观点与山头。你要看得透亮一些再透亮些，你要想得开阔一些再开阔一些。

做到如此的莫若以明，颇不容易。太明白了甚至会显得冷血，叫做水至清则无鱼，叫做脱离群众甚至还脱离了热闹的与有力有利的一切。按中国的集体无意识，仁人志士义士的血都是热的，例如荆轲、专诸、岳飞、文天祥、秋瑾、方志敏、杨靖宇……而智者呢？请问你的血的热度何如呢？

所以始终有所谓对于聪明的中国作家的责备，他们责难中国作家为何至今尚未全体成仁就义。他们认为真正的仁人志士，是不应该不可能活太多的年头的。他们根本不知道社会是怎样发展，文明是怎样进步，文学是怎样有所成果的。

例如一九五七年『大鸣大放』的高潮中，钱锺书有诗曰：

> 弈棋转烛事多端，饮水差知等暖寒。
> 如膜妄心应褪净，夜来无梦过邯郸。

钱教授确有几分或颇有几分庄子的『莫若以明』的意思，有几分居于道枢的意思。他认为世事如弈棋，争胜负，观棋子、调理照明都是多此一举，饮水便知暖寒，其实此方与彼方，半斤八两，此亦一是非，彼亦一是非，谁跟谁都差不多，虚妄的痴心如同一层薄膜遮蔽着真相，遮蔽着自己的眼睛，使你轻举妄动，自取其辱，自找倒霉，还不如在下，虽然夜过著名的古人做梦之地——邯郸，我可是无梦者也。

这样的清醒、这样的智慧、这样的境界与这样的冷峭的诗篇，令人感佩也令人无言。

做一个杠子头即专门与他人作对的人，是可怖的；做一个当真果然地把一切看齐了的人，做一个认为生死善恶是

非全是一个毬样的人，会不会也给人以恐怖感至少是冷冻感呢？

以指喻指之非指，不若以非指喻指之非指也；以马喻马之非马，不若以非马喻马之非马也。天地一指也，万物一马也。

伸出一根手指来论证它并不就是所有的指，不如干脆用手指以外的东西说它们不是手指。拉出一匹马来，论证它并不是马，不如拉出一头牛一头驴来告诉大家它们不是马。何必故意抬杠？故意较劲找别扭？天地之间，虽然千奇百怪，在处于天地之间乃是大道的作用这一点上一根手指与天地并无区别。万物万象，虽然琳琅满目，其存在与变化的根本道理，也与一匹马并无区别。

指非指，白马非马，是庄子的时代由公孙龙掀起的一个逻辑学主要是概念学、命名学的争论——游戏。指非指，含义历来不明，但是按照白马非马的逻辑，公孙龙可能是说具体的指如拇指食指不是一般的指，不是全体手指。也可能说指出指示等作为动词的指不是手指的指，如坚白石，其实坚是硬度，白是色彩，石是属性，不可混为一谈论述一样。白马则兼而有之，既有具体的一类马与全体马的相异，又有马的颜色与马的物种的区分。公孙龙的本领在于从无分处硬性区分。

说了一回方生方死、方可方不可、彼此是非，来了两句关于公孙氏的指与马的评说，顺手一击，不无突兀，语言简古，费人思忖。

我想来想去，觉得庄子是在反对诡辩。他是在说某些争论其实与争某个手指算不算手指，某匹马是不是马一样地自寻烦恼，自找歧异。与其说某种马不是马，某种手指或某个指（包括指挥指认指示）的动作不是指，你干脆说香肠不是指，或香肠似指，反过来可以证明指不一定似指，指既不一定似指，更不一定就是指，而兔子不是马，或一只兔子跑得如马一样快，证明马其实也似兔子，也就是证明马不一定仅仅似马为马……而这些分析证明，指是指，马是马的逻辑学上的著名的同一律即A=A的公式其实并不一定靠得住，岂不更好？

诡辩的力量恰恰在于不说香肠不是指，而说拇指或食指不是指，指导不是指；不说兔子、乌龟不是马，专说白马不是马，不说烂泥不可能是白色的也不可能质地坚硬，专说石头不可能又白又硬。

你以为这是吃饱了撑的吗？未必。例如我们在一些政治运动中，我们的吸引人处『振聋发聩』处往往不在于揪出一个老牌国民党人士说他反革命，而在于专门揪出热衷于革命、倾心于革命的人，参加过长征、抗日、解放战争的老战士，说他们才是反革命。如在『反右』中专批丁玲、艾青等革命作家。如在『文革』中专批刘少奇等领导干部。很可能颠倒黑白有一种特殊的乐趣或者必要性。这个问题说到这里也就齐啦。齐物齐物，齐了不结啦？

政治家与思想家，往往是喜欢与别人抬杠的人，他们的贡献、他们的忧患、他们得罪的对手、他们的政敌与论敌，都比一般人多。

表面上是研究手指与马匹，其实天下万物都是一样的道理，天下万物就像一根手指，一根手指的是非、善恶、彼此、长短，都是诡辩的产物，不诡辩本来万物一体，万象归一，万法同道，万事同理，不诡辩本来天下太平。天下本无事，庸人浑人巧伪人自扰之。

一匹马儿的生死、优劣、白黑、大小、快慢，同样也是人为地比较、较劲的结果，否则，马就是马就对了，能跑能拉车能拉犁就对了，不跑不拉犁不拉车也没有关系。不必管它是白马黑马，这与白猫黑猫，抓住老鼠就是好猫同理。而且，抓不住老鼠的猫照样是猫乃至可能是名牌猫良种猫，现在中外养宠物的人，由于饲猫以专门的猫粮，多数猫早已经不捉老鼠了。

同样的马、手指、猫、狗，分什么优劣洋土黑白？人好辩论，连马都跟着倒霉。世界本来是一个，万物本来都是万物，都是世界的产物，都是大道的下载，万物即一物，万马即一马，从大处看，从道处看，从齐处看，有什么区分高下制造不平的必要？世上的一切痛苦、争拗、仇恨，无非是来自不平之心不齐之意，平之，齐之，一言以蔽之，不就好了吗？

当然这也是一面之词，然而是豁达之词、快乐之词、自解之词，是精神上『欲穷千里目，更上一层楼』的享受之词。

庄子的天地一指也，万物一马也的说法，令人想起美国物理学家理查德·费曼的名言：整个宇宙都在一杯葡萄酒中。费曼被称为二十世纪后半世纪的物理学明星、偶像，被称为天才的魔术师。庄子与费曼不可能互相了解与沟通，但是他们都有魔术师的特色。天才与天才有自己的符码。一来自一切。一切表现为一与一与一的总和。他们从一指、一马、一杯酒中感悟了世界，从部分中感悟了总体。所谓总体，其实是各个部分的总和，你为什么不能够从部分中体悟总体，从一指、一马、一杯葡萄酒的具体中体悟无穷与永恒、大道与世界呢？

我们从他们的智慧中贴近了大道、真理，贴近了使我们能够安身立命的至高无上与大气磅礴。

类似的说法还有佛教讲恒河之沙，恒河一带有无数的沙，而每粒沙中都有一条恒河。还说芥子虽小，却也容得下

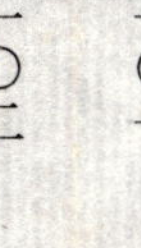

宇宙之大。宏观微观，都是无穷无尽的，也都是相通的。这是哲学也是数学，是物理学也是神学。这是智慧的诱惑，也是智慧的力量，更是智慧的享受。

七　万物万象的存在权

我们有一个说法，叫做大千世界，意即多种多样、千奇百怪、花样无穷的世界。多样性，是世界的魅力，也是世界上的各种麻烦的一个根源。因为人们往往只认可与自己一样、至少是一致的东西，而可能怀疑、不理解、轻视、异视、反感、矮化、怒视直至敌视与自己不一样的东西。人们可能产生同化异己的冲动，激起类似传教士的热情，一心去拯救他者的灵魂，实际是去消灭异己的存在。人们甚至可能动用某种物质的力量，以暴力去消灭异己，并以为是自己的功德。

两千数百年前，庄周其人，对此已经有了与众不同的思索：

可乎可，不可乎不可。道行之而成，物谓之而然。有自也而可，有自也而不可。有自也而然，有自也而不然。恶乎然？然于然。恶乎不然？不然于不然。

物固有所然，物固有所可。无物不然，无物不可。故为是举莛与楹，厉与西施，恢诡谲怪，道通为一。

为什么你会认同、认可某个事物或言说——观念呢？因为它有它被你认同的性质和道理，因为你有你认同和认可的标准、依据，就是上章说到的你有你的X。为什么你不同意、不接受某种事物或者言说——观念呢？因为它有它不能被你同意的方面和道理，就是说它违背了你的X。道，是由于运行、由于它表现出来了，起了作用了；或者是由于

你的行为，由于你的试图运用它而被称做道，亦即成就为道的，此话也可以简化，就是鲁迅说的，世上没有路，人走了，也就有了路，路是人走出来的。万物的存在与变化都是道的证明与体现。万物为什么成为万物，各物为什么成为各物？世界万物万象，各有各成为自身的缘由，各有各成为这样那样的道理。你怎么知道了它们的各式各样呢？这则是因为被命名、被承认、被言说，由于认识主体的存在、分析与认同（表现为有所称谓）而成就为万物的。没有什么东西没有它存在的依据、道理、特性、结构与运转变化的规律。没有什么东西不认同、不认可或者是绝对不可以认同认可自己的方式。或是说，没有什么存在的性质和方式是被认识主体、被人类、被所有权利所不予认可的。

在各有其理、其性、其位、其量、其形、其态这个意义上，在同样地体现了大道、下载了大道这个意义上，在各有其存在的权利（我们只知道人有人权，庄子却告诉我们一个观念、一个命题：一切存在都有存在权，存在之道，即谓：『物固有所然，物固有所可。无物不然，无物不可。』）这个意义上，即就其『存在权』『存在之道』而言，一根草与一根梁柱并没有区别，一个美人——西施与一个丑八怪——厉，她们二位也具有同样的存在的合理、合法、合道性。各种千奇百怪、稀奇古怪都有自己产生的原因与存在的理由——依据。懂得了这个，就通达了，就视万物为一体了，就得到了统一性、整体性、同一性了，就不较劲了，就不会因为世界的千奇百怪、不合己意、不那么听话而怒火中烧、而焦虑痛苦，而发动大炮火箭的战斗了；也就可以少搞一点唯意志论、唯我独尊、剪除异己、霸权专制、逆我者亡、一花独放、好勇斗狠、动辄你死我活、不共戴天了。

把万物的存在的道理，与它们的被命名联系起来，这是老庄对于认识论与本体论的一大贡献。老子开宗名义，一

上来就讲道可道非常道，名可名非常名。道是一个名，一个『常名』——恒常的、永远的、根本的名。接受了这个名，就算开始乃至是在相当程度上接受了这样一个道。命名与接受命名乃是认识上的一个标志、一个里程碑。人对于世界认识得越多、越深、越广，给万物万象命的名就越多、越深、越广。人为什么学习？为什么读书？动机之一，过程之始就是为了学会为世界命名，为自己命名，亦即认识世界，也认识自身。

所以庄子说物谓之而然，是说你给它命了名，也就是多少知道了它的定性、定位、定量结构与形式了，知道了它的然——『然』可解释为『如此这般』——即知道它的同一性乃至于合理性即哲学的合法性了。可不是嘛，你都给它命了名了，它还有什么理由不成为它自身而成为它物呢？名既然是大千的、多样的、杂陈的，你有什么理由要求世界为你而变成单一、纯一、唯一呢？你称某种流动的物质为水，说明你已经掌握了水的某些特点，某些如此这般的『而然』，某些存在与运动的方式了。在你学会了对于水的命名以后，你多半已经知道了水的基本上的液体性质、有固定的质量却无固定的形状的性质，你知道水的无色与无味，知道了水为动植物所需要，知道有关的雨雪冰霜与蒸气的物态变化了。你也就已经承认了水是水而不是金、木、火、土的合理性、『而然』——而如此这般——性了。

水可以如此这般，那么煤炭呢？煤炭有没有理由乃至权利成为煤炭的样子呢？你说它黑，它就是黑。你说它 black（英语：黑），它就是 black，你说它 khara（维吾尔语：黑），它就是 khara。为什么一种事物会是这个样子呢？因为它本来就是这个样子。为什么它不是另一个样子呢？因为它压根就不是另一个样子。这种不同，表现为不同的名，也可以反过来说是根据不同的名。

或者，为什么有不同的名呢？因为事物本身就是各式各样的。为什么鸟能飞上天空，而鱼鳖飞不起来呢？因为它们是鸟、它们谓之鸟、称之鸟、叫做鸟所以会飞，另外的它们则是鱼鳖，谓之为、称之为、叫做鱼鳖所以不会飞。为什么鱼鳖能够潜水而游，鸟儿却不能够潜水而游呢？因为这个它们是鸟类所以不会潜水而游，而那个它们叫鱼鳖所以会潜水而游。

上世纪八十年代有一次在美国，一个美国学者对于中国共产党关注文学工作表示不理解，他说，如果问美国的共和党最不关心什么，他们可能会回答你是文学，怎么中国共产党会抓什么文学运动呢？我笑了，我说，因为你那个党名叫共和党，我们那个党叫共产党，差一个字，不是一个党，自然有各自不同的想法与做法。

一切的一切，万物的万物，都是自身而不是他人他物，都有自己的存在的方式与道理，有自己的活法与禁忌，有自己能够承受的与不能够承受的说法，要求、名分、分析、对待与变化。在这个意义上，千差万别的万物万象，其实存在和运转的道理有它的一致性，相通性，完全可以互相理解，可以双赢多赢。

而人们常常是多么蠢！他们常常是想要把A变成B，要不就是只要C不要D，再不然喜欢E高抬E，贬低F排斥F，不仅如此，他们还要把从A到Z，从A'到Z'……分成高下、正负、美丑善恶、敌我、亲疏三六九等，他们将千差万别的物象变成纷争不安、血腥死掐的根由，他们为何硬是闹不懂道通（相通、相一致、相转化、相和谐）为一的道理呢？

一方面是各可其可，各然其然，各不可其不可，各不然其不然，一方面是道通为一，大而化一，这是庄子的妙处与特点。它与欧洲的多元主义相对主义并不相同，它不是承认了多样就完事了。中华圣贤承认多元的目的是化多而为一，从人的主观上、精神上化解歧异，把纷争消化掉或几乎消化掉，却不是欧美式的多元制衡用体制法制和价值原则人为地管住（或管不住）歧异与人性恶。

庄子上述引文的这一组话语颇有同义反复的特色。从逻辑学的角度讲这是同一律，即A=A，道通为一，根据的就是这个同一律，A=A、B=B……Z=Z，都符合同一律。都符合同一律也就都符合矛盾律，即A≠B，而A≠B用庄子此章的语言说，就是不然于不然，不可于不可。从哲学的尤其是经验的角度看，然于然，不然于不然，可乎可，不可乎不可，固有所然，固有所可，美国就是美国，中国就是中国，老板就是老板，打工仔就是打工仔。这包含着对于世界的多样性的体认与包容，包含着统治者对于人民、被统治者的放手与尊重，对于与己另类的存在的理解与包容，甚至还包含着对于命运与秩序的安时顺命。被统治者应该安时顺命，不要造反不要闹腾，统治者也要安时顺命，无为而治，不要阴谋诡计不要新招迭出，不要出幺蛾子，不要整人，折腾人民。一个A=A，A≠B，到了中华文化这里，到了先秦那时候，也包含了许多治国平天下的道理。

为什么A、B与C可能会不一致并且互相攻讦？因为A是A，不是B也不是C，因为B是B，不是A也不是C，因为C是C，不是A也不是B。这些话从逻辑上说等于废话，但是承认这一点的人比不承认的人多了气量，多了胸襟，多了和谐，多了任其自然，多了放手即无为而治，多了对于客观规律对于人性民心的尊重，另一方面老百姓也就多了接受与顺从。

孔夫子致力于正名，即按照他老人家的标准纠正被乱世、被乱臣贼子们歪曲搞错了的名——概念归属、地位归属、性质与价值归属。老子强调的是对于终极的名、巅峰的名、对于大千的名的统一性含义、一致性内涵，特别是相对立的名（高下、前后、是非、美丑……）的相反相成的共生与转化的法则。而庄子，他强调是对名的理解与承认，也就是对世界、对大道、对《人间世》与《大宗师》的理解与承认。庄子的道通为一的命题，其含义应该是靠拢于『理解万岁』。

而一个革命者、叛逆者，可能恰恰相反，他要强调的是A≠A，B≠B，C≠C：无产者并不注定永远是无产者，剥削者并不注定永远是剥削者，统治者并不注定永远当统治者，他们的革命之道就是要从理论上、从理念上到行动上要无产者丢掉锁链，夺回全世界，要剥夺剥夺者，要把被颠倒的一切再颠倒过来，要实行无产阶级专政，要把老板变成工仔，把工人变成主人，把地主变成被专政的（五类）『分子』，把贫农变成农村的精英和骨干。

但是这样的剥夺与颠倒并不是无尽无休的，一个社会如果永远处于剥夺与被剥夺、颠倒与被颠倒，翻身打滚（《白毛女》唱词：『天翻身来地打滚……』）与再翻身打滚之中，就永远不要想建设新生活，不要想繁荣富强，就永远是国无宁日。所以『文革』中的无产阶级专政条件下继续革命的学说相当离谱，托洛茨基的『不断革命论』也不受欢迎。所以一个社会早晚会有需要稳定的共识，需要承认ABC乃是ABC的『名』的稳定性，承认可乎可，然于然，不可乎不可，不然于不然的常识，承认重在建设，将工作重点从阶级斗争转变到经济建设上来的道理。

道行之而成，物谓之而然，就更精彩。庄子早在几千年前就接近了存在主义、结构主义的某些思考：行之而成，先有万物的存在、运行、生生灭灭、相互作用，才能追溯到道。这叫『存在先于本质』（萨特）。等你追溯到了大道了，却又可以判断道的有物混成，先天地生，象帝之先……就是说老子不满足于仅仅将道视为本质，而宁愿将道判定为天地与上帝的起源与归宿。抽象化到了道这一个顶级概念、顶级命名之后，能量就是物质，物质就是能量，驱动就是软件，软件、硬件、驱动、二进制等都浓缩为一：道之为物，惟恍惟惚，惚兮恍兮，其中有象，恍兮惚兮，其中有物。这几个字还真有点像是描绘宇宙起源学说中设想的星云呀、黑洞呀什么的一个样。

存在与本质的先后问题，并不是一个死的思路、死的规定。宇宙、银河系尚未形成、尚未存在的时候，已经有了使宇宙、银河系必然生成的大道。万物生于有，有生于无，有最终还要变成无，无此后仍然变成有，这才是大道的要妙——真谛。

而人们对于万物的体认，离不开你的『谓』，离不开命名与语言。尚未命名，也就是尚未发现、尚未进入你的思考半径、尚隐藏在无边的黑暗之中。现代语言学十分重视语言对于思维的规定性。但另一方面，无名才是万物之始，有名是后来的万物之母。

就是说，按老庄的观点，本来道才是本源，物才是前提，行与谓，功用与称谓是派生出来的。派生与原生，却又是互相转化的，在人的认识与行为中，功用与称谓的重要性是无法忽视的。这也是齐物的一种表现。从人的认识上，常常是有了对于万物运行与作用的认识在先，才有对于大道的寻觅与体认，有了万物的名称称谓在先才有对于各种物象的了解即知其然。这个道理也是很有意思的。

同时『谓之而然』的说法，一不小心碰上了唯心唯物之争。按照唯物主义，物的存在是不依人的意志为转移的，它应该是然于然（即自行存在）而不是谓之而然，你称谓不称谓它，它照样存在。

但是我们所讨论的万物，其实往往是离不开讨论我们的称谓。我们说这样是社会主义，那样是资本主义，果然我们说的社会主义都是一样的社会主义吗？就是客观存在的社会主义本身吗？我们所说的资本主义，都是一色的资本主义吗？我们争论过的兴无灭资，反修防修，破旧立新，左倾右倾，全盘西化，教条主义，经验主义，『三自一包』，观念更新……有哪些离得开人们的命名与称谓呢？一个人划成了什么什么分子就成了阶级敌人，他只能低头认罪绝不翻案；改正或平反以后，又愉快地成了共产党员乃至领导干部，这不是谓之而然又是什么呢？

中国是一个常常注重名而有些时候忽略了实的地方。害得从孔夫子那时候就辛辛苦苦地忙于正名，到今天，各种虚名、伪名、枉名、恶名仍然在扰乱着视听，阻碍着真相，制造冤案也制造招摇撞骗，更制造人云亦云、三人成虎、颠倒黑白。强调谓之而然，与其说是夸大了人类主观的决定性作用，不如说是提醒我们冷静清醒地对待千奇百怪的称谓，不要因『谓之』而昏了头、昏了心。

其分也，成也；其成也，毁也。凡物无成与毁，复通为一。唯达者知通为一，为是不用而寓诸庸；庸也者，用也；用也者，通也；通也者，得也。适得而几矣。因是已，已而不知其然谓之道。

分离有可能意味着完成，完成有可能意味着毁损。各种物体，其实并无完成与损毁的区别，完成与损毁相通连，本是一回事。只有明达的智者才懂得成与毁的同一性。用不着斤斤于啥是完成还是毁损，有用还是无用，有用无用都

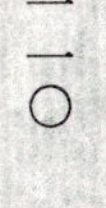

是最平平常常的事体情理。平平常常的事物得以存在，能存在也就是有了用了嘛。有了用了也就是能通晓了、讲得通了，能通晓、能讲通也就有所获得。有了获得也就差不多接近于大道了。你跟随着事物的这种存在与变化，却说不出事物这样存在变化的所以然来，那个所以然，那个不知道的所以然，不就是道的作用了吗？

整合固然是一种完成，划分、分离、分解与分割其实也是完成。这样的完成，从另一个角度看，却分明是毁损。一根原木，锯成几块，才成为建筑材料或制品材料，而任何一种材料的产生都是原木的毁失。A成B毁，B成而C又毁了，成与毁是相辅相成的。秦统一了六国，对于秦来说是大功告成，对于齐、楚、燕、韩、赵、魏来说则是自身的灭亡。清兵入关、入主中原，对于大清王朝来说是一大成就，对于明朝来说则是彻底毁损，彻底完蛋。

不论什么事物，成与毁，全与分，是互相通达、本来就一体的。只有通达的人，具有道性的人才明白这个成与毁、全与分的相通相合为一。能把分、合、成、毁看穿看透，看到它们的相通相齐合一，这算得上通达之人喽。通达了就不必太过用心，大而化之，以平常、平庸之心对待也就行了。能存在就是有用，这有点黑格尔说的存在的就是合理的意味，也是合理的就会存在的意思。黑格尔讲的是理，老庄讲的是道，万物庸常，都能存在一时一处，说明他们都合乎道，都是有用的。街角上站立着一个乞丐，你能说他没有用吗？你能说他是只有毁损没有完成的吗？他对于你可能没有大用，他对于他自己与他的亲人、友人，说不定也很重要。他的存在仍然是合理合道的。相反，认为一个社会或一个地区，只存在有用的东西，不存在无用、备用、待用、用毕、有用无用存疑的事物，那倒是不合情理的了。

能平平常常地对待胜负、成败、分合、用废，也就能正确地处理回应各种变化了，也就能通达无碍，不自寻烦恼，

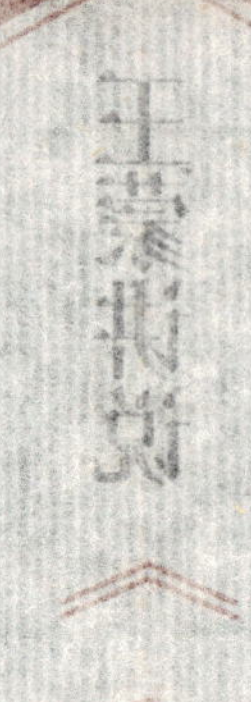

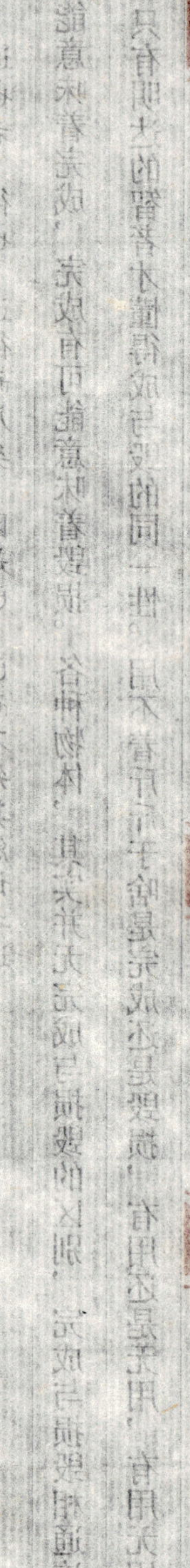

不自找麻烦了。而能做到如此，也就有所得了。自然而然地做到了通达，无心无意中做到了的通达才是大道的体现呢。

我们读庄子也与读老子一样，发现他们常常是宏观远大地、抽象概括地、深邃精辟地、苦口婆心地，有时却又是挖空心思乃至花言巧语地劝谕人们，世界是什么样就是什么样，无所谓好，无所谓不好，无所谓生命与长寿，也无所谓死亡与夭折，无所谓高贵与荣耀，也无所谓耻辱与痛苦，歇着吧，您哪，算了吧，您哪，低下你梗着的脖子，复原你挽起的袖子吧，您哪。

为什么硬是这样的消极！要都是这样的消极，活与不活还有什么区别？还不如不活呢，还不如没有你我呢。

逍遥是什么？是不是一种消极乐观主义？是不是一种认输的精神、服软的姿态、躺倒的闲适与冰冷的静安？

老子说，信言不美，美言不信。叔本华说，世上的哲学，可爱的多不可信，可信的多不可爱。智慧呢？智慧是不是有一种清冷的品格？热情如火，熊熊燃烧，使命感超人，献身意识特强的人是无法接受庄子的。而庄子也不接受自我的过分扩张，主体意识的过分强化。而一般的正常人中庸人呢？各种学说不妨多知道一点，多琢磨一点，学说可以冲洗精神，学说可以满足思辨的趣味，学说可以见人之所未见，闻人之所未闻，谈人之未谈，怎么样去吸收消化判断呢？那就靠读者自身的努力喽。

劳神明为一，而不知其同也，谓之朝三。何谓朝三？狙公赋芧曰：『朝三而暮四。』众狙皆怒。曰：『然则朝四而暮三。』众狙皆悦。

辛辛苦苦，心劳日拙，原因在于世界的不同一，在于我们生活在一个熙熙攘攘、纷纷扰扰、众声喧哗、莫衷一是

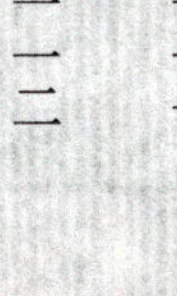

的世界上。还在于寻找世界的同一性，企图把握那个最根本、最唯一的一而不可得，找不到真理，找不到一致，这样的生活是多么伤脑筋！而人们却忽略了，万物万象，本来是有同样的道理、同样的依据、同样的存在的作为大道的下载的性质。本来是相同的、相通的、相合的，却还要争辩不休，区分不休，劳神不休。

这就好比那个著名的朝三暮四的故事。

什么叫朝三暮四呢？一位养猴子的老汉，对众猴说，我每天早晨喂你们三份橡子，晚上喂四份，众猴大怒，于是老汉说好了好了，那就每天早晨喂四份，晚上三份，众猴都高兴起来。

太漂亮的故事啦，我们这些自称万物之灵的物种，我们是多么酷似这些自作聪明的猴子们啊！

名实未亏而喜怒为用，亦因是也。

朝三暮四或者朝四暮三，每天都是七份，数量、名分、实惠，都没有任何区别，叫做背着抱着一般沉，叫做两五当然就是一十，但猴儿们的反应大相径庭。对于朝三暮四，大家愤怒，对于朝四暮三，大家喜悦。

其实不仅猴儿如此，我辈众人也是一样。我们争来斗去，急赤白脸，不常常就是争一个朝三或者暮三吗？

这些话说得又刻薄又幽默，又巧妙又奇绝，令人击节赞赏。

可不是，吾辈大众，至今仍然把成语朝三暮四当做坏话，当做说一个人反复无常、前后不一、办事没有准头、说话不算数、没有责任心的同义语。这本身就与庄子的原意截然相反，却原来，我辈的智商与狙公豢养的小猴儿们毫无二致，我们之坚决贬低、坚决反对朝三暮四，与众可笑的小猴儿们毫无二致。

贾平凹曾经有言，一部文学作品里边的话语变成了成语，这乃是了不得的成就。庄周的朝三暮四已经成语千载了，然而，被理解与传承错了，这究竟是庄子的悲哀还是庄子的成就？这究竟是现在吹得很热的国学的光荣还是无奈？

请研究一下接受与传播的道理，当人们一代又一代地将朝三暮四当做反复无常的同义语的时候，他们究竟有几个人读过庄子的原文？原文并不复杂艰深，读解都不困难，那为什么要拧过来解释呢？都在那儿望文生义，都是浅尝辄止，都是跟着起哄。那个时候并没有网络，但是毛病与有网络的时候并无二样。被接受与传播，这是思想者、著作者的成就，比想出点玩意、写出点玩意却无人问津要神气得多，但同时，接受与传播意味着可能被大大通俗化、简单化、表层化、粗鄙化，而被延伸、发展、校正的可能则很小。许多成语背后都有这样的故事。

理论掌握了群众就变成物质的力量，这很好。理论掌握了群众就被历史的主体——人民所发展深化、丰富充实，这更好，太棒！同时，理论掌握了群众，也就改变了初衷，也就被群众的平均数、平均水准拉下理论的宝座，被百姓的普通生活的经验所修正，以至于面目全非……这样的可能性与现实性也不能被忽略。

老子的命运也是一样，万物生于有，有生于无，这本来是多么哲学的概括！而今，无中生有，却是骂造谣者、生事者的恶话！

再细细想，却也还没有那么简单。朝三暮四与朝四暮三果然毫无区别吗？极而言之，如果这批猴子的生命只够一个上午了，只有吃一次橡子餐的机会了，它们的最后的早餐吃四份可就比三份多了四分之一啊。

这样的朝三与暮三之争，其实到处都可以看到。比如战争中，势力较弱、损兵折将的一方，往往要求先停战后谈判，

而势力较强、在作战中占有优势的一方，往往要求先谈判再停战，这难道没有区分吗？再比如现今世界上的先弃核再实现关系正常化与安全保证，抑或先正常化并保证安全再弃核，能一个样吗？先取得共识再宣布放弃武力，与先宣布不武，再争取共识一个样吗？先发展再改革，还是先改革再发展；先普选再恢复秩序还是先恢复秩序再大选；还有是A先发制人打了B，还是B先发制人打了A，这可是关系重大，不可马虎的呀。

我们的改革开放中也有许多说法，一种改革的尝试、一个创举、一个体制改革与管理改革的实验，是先定好了社会主义的性，先戴上意识形态的安全帽才能动弹、才能摸索，还是先干起来、做出成绩，再总结提高到理论层面，再予以庄严命名颁发证书直到奖状奖旗，这也是大大的不同呀。摸着石头过河，与摸完石头画好河流石头地形图才允许过河，也绝非同类行事、同类路线。还有更绝的呢，只准过河，要求或声言三分钟过河，不怕淹死，不准摸石头，不准找路，不准试探深浅，能说他们既然都是过河，就都是一丘之貉吗？

一方面，是朝三暮四与朝四暮三之争，着实可笑与可悲。一方面，是朝三暮四与朝四暮三之间还确有奥妙，确有高手就此做出精彩文章，难以做到完全不予理会。一方面，是庄子的非争论、齐物论着实高明有味道，不争论或少争论，有益世道人心。一方面，庄子毕竟书生，他哪里懂得程序上的花样有多少夹带！

至于从主要方面来说，站得高一点，想得透一点，有利于去掉许多无谓之争、抽象之争、烦琐之争，这倒是事实，这也是阅读庄子此篇的重点。尤其在改革开放的中国，如果陷于烦琐争论，整天国无宁日，民无福日，全民讨论意识形态，那种图景实在是太可怕了！

外国也有精彩的嘲笑烦琐争论的故事，例如斯威夫特的《格里弗游记》（此书中的大人国小人国的故事在我国也是家喻户晓）中描写一国王吃煮鸡蛋时先磕蛋壳大头，扎破了手，乃下令臣民今后吃煮鸡蛋时一律先磕小头，从此此国陷入内争，并成立了民主派的大头党与保皇派的小头党……但仍然不如庄子的朝三暮四故事冷幽默。

是以圣人和之以是非而休乎天钧，是之谓两行。

所以，圣人不那么在乎是是非非的争论，不那么较劲，而相信天道自然然会平衡均匀这些互相对立、互相争夺的势力，这就叫两行，到了二十一世纪，这个两行就叫做双赢、多赢。

这可不得了，庄子早在两千多年前就提出了两行之道，不是单行路，而是双向路径，这又叫天钧之道、平衡之道、和谐之道，虽然他不可能预见千年后的今日，却抓住了不争论这样一个根本的与永恒的、对于千年之后仍有意义的大智慧。

八　极限思维与齐物境界

先秦诸子当中，庄子有一种比较极限的思维、极限的观念。正像数学一进入极限，许多定义公式都发生了振荡与变异一样，认识论、哲学一进入极限，也都惚兮恍兮，玄兮妙兮，神兮微兮，飘兮渺兮起来。在极限思维中，以极限为参照，人们会得出平日得不出的结论与感受。

无论是屈原的『路漫漫其修远兮，吾将上下而求索』，还是陈子昂的『前不见古人，后不见来者，念天地之悠悠，独怆然而涕下』，或是苏东坡的『哀吾生之须臾，羡长江之无穷；挟飞仙以遨游，抱明月而长终，知不可乎骤得，托

遗响于悲风』，都有一种极限或准极限的感受与抒发。这样的抒发令人肃然、悚然、凄然而又巍巍然、飘飘然。老子的对于大道的论述已经够极限的了，然而他有感悟却缺少过程，而庄子做的是已经相当清晰与充分的极限性思辨。

古之人，其知有所至矣。恶乎至？有以为未始有物者，至矣，尽矣，不可以加矣。其次，以为有物矣，而未始有封也。其次，以为有封矣，而未始有是非也。是非之彰也，道之所以亏也。道之所以亏，爱之所以成。果且有成与亏乎哉？果且无成与亏乎哉？

古代也有绝顶的认知、极限的认知，叫做往源头想，溯其本而求其源。他们思考到未曾有物的原初时分，思考到无的原初性与原初的虚无性。到头了，到了终极啦。无法再上溯，无法再往前走啦。然后知道有物了，但还不去分你我彼此。再往后知道你我彼此了，却还不去分别是与非。一争执是非，是是非非一明显，一脱离了源头脱离了极限性思维，大道也就被人们背离和毁损了。大道一背离毁损，爱爱仇仇（爱是仇非）也就出来了。究竟世上的事物有什么成就与亏损的区别吗？还是根本没有成全与亏损的区分呢？

齐物论也就是『非争』论。庄子从根本上提出质疑：世上万物有什么是非可争？有什么成毁——利害、得失、胜负可以区分？如果压根就没有是非、成毁、利害、得失可分可争，那咱们这是干什么呢？咱们不都成了自寻烦恼、自找苦吃、自我毁灭的傻子了吗？

有成与亏，故昭氏之鼓琴也；无成与亏，故昭氏之不鼓琴也。昭文之鼓琴也，师旷之枝策也，惠子之据梧也，三子之知，几乎皆其盛者也，故载之末年。唯其好之也，以异于彼；其好之也，欲以明之。彼非所明而明之，故以坚白

之昧终。而其子又以文之纶终，终身无成。若是而可谓成乎？虽我无成，亦可谓成矣。若是而不可谓成乎？物与我无成也。是故滑疑之耀，圣人之所图也。为是不用而寓诸庸，此之谓以明。

例如昭氏鼓琴，就会顾此失彼，还不如趁早罢手，不再鼓琴，也就没有得失高下的啰嗦了。加上师旷奏乐击节，惠子依梧桐树而与人论辩，三人都是高手，都在某一方面异于常人、高于常人，能够享誉终身。而越是高手，越与众不同，越要显摆自己的与众不同，越要让不同的人知道自己的不同，越会出现像坚白石（将坚硬与白色同石头本身划分，再将坚硬与白色二者划分的主张，据说是名家公孙龙所提出）这样的诡辩，叫做越论越糊涂，越高越玄乎。

昭文之子也搞琴弦音乐，更是终身无成。这样专心于一项业务上，能算是有成就吗？要是这样一技之长就算成就，我也就算有成就的了，如果这样的一技之长算不得什么成就，咱们也就都无所谓成就不成就的了。何必还相争相拗。为此，圣人是要消除表层的、可疑的、混乱而且靠不住的那些光彩炫耀的玩意儿的。与其搞一点哗众取宠的绝活，不如回到常识，回到常人常理，那才算是明白人呢。

这一段结尾部分对专门家的微词，也是见人之所未见，言人之所未言。一个人太有专长了，反而被庄子质疑，轻视技术，轻视专长，看来在中国源远流长。为什么会有这样的高论呢？关键在于高人、才子、专门家能不能尊重常识？确实有些人是由于愚昧而做蠢事、坏事，但也确有人因为才具超人，见识超前，自我感觉超级良好，又专于某一方面，夸大了这一方面，偏偏还要对自己不熟悉的方面说三道四，叫做大言欺世，就必然做出一亩地可以打几万斤粮食的荒唐论断，做出中国语言被五四运动所劫持，必须回到『三言二拍』的老白话去的胡说八道，做出画虎类犬的不智之举。

再举一个咱们都会感到切近的例子吧，『无产阶级文化大革命』，尤其是到了后期批判资产阶级法权，连按劳取酬也批上了……那也是至矣，登峰造极啦，高明至极啦，理想主义啦，振聋发聩啦……后来如何呢？

庄子的这种从非争论到非专论的延伸，对于无专长者一事无成者有很大的安慰作用。专家绝活，对于芸芸众生来说毕竟不多见，毕竟是少数人的活计。专家胡说八道，这样的事例也不在少数。而且，有些可能是要付出代价的，有的还可能付出惨重的代价。例如体育、杂技、工艺的专家，都易得职业病。某些科学家艺术家对于某些俗人的生活快乐的放弃，也常常令俗人触目惊心，例如居里夫人，例如霍金，例如高更，更不要说此段文字中提到的师旷了，《东周列国志》上说，他为了专心治乐，自己竟然用锥刺目，把自己的眼睛搞瞎了。这当然是太过分了。

然而，专业、专门化、社会分工，毕竟是生产力发展、社会发展、文化发展的标志。从近现代历史上看，许多思想家历来批判资本主义条件下专业化造成的人的畸形化、单一化、平面化。同时，他们提出的社会主义、共产主义的理想，都含有人的全面发展的内容。美国的反面乌托邦小说《美丽新世界》就通过对福特公司发明的生产流水线的描写，抨击伴随效率化而来的劳动的专一化、狭隘化、劳动生产的彻底异化。卓别林的影片《摩登时代》中，也表现了同样的内容与讽刺。这与庄子的非专论虽然不同，但是如果我们说庄子天才地预见了专业化绝活化的弊端，则不无道理。

但是庄子这里说得太过。任何人都可以有一技之长，有一技之长无论如何略优于一无所长，至少多了点趣味也多了点饭辙。太专了，太邪了当然会有副作用，但是那不是技术或专业的问题，而是自身的精神状态、精神品格问题。轻专而重普与通，轻技而重论，轻利而重义——原则、精神、品格——说不定这是伟大祖国长长一段历史时期科学技

术没有得到很好的发展的重要原因。

今且有言于此，不知其与是类乎？其与是不类乎？类与不类，相与为类，则与彼无以异矣。虽然，请尝言之。

今天先姑妄言之。我的说法，相似的或不似的言语，和我刚刚提到过或非议过的那些奇特乖谬而又专门化、特技化、超常化的见解说法，是一类吗？不是一类吗？如果一类不一类、成类不成类、成样子不成样子都可以相聚合而成为一类，然后讨论之、研究之、评述之，那么这种意见与那种意见，有是非与无是非，胡说八道与真知灼见之间又有什么区别呢？看来我是说不清楚的了，但还是不妨说说看。

什么叫类与不类相与为类呢？你既然独树一帜地参与了百家争鸣了，你既然已经与孔、墨、惠施、唐尧、许由、肩吾、连叔、接舆、南郭子綦、子游……一起白话上了，你也就与他们一样，成为这个时代、这个世界的一个言论者、一个发表意见者、一个理论（此处作动词解）者了。你已经成为诸子百家之一，与同议者、异议者、荒谬者、胡说八道者、诡辩者、矫情者、哗众取宠者、糊里糊涂者、正正经经者与大师大智大圣大贤们一样，成为众声之一，出声者（与沉默的大多数相较）之一，你已经与非你的彼们归属于一类了。

你与你的跟随者、拥戴者归为一类，不足为奇。你与你的反对者可以归入一个共同的类别，这是一个惊人的发现。参与辩论就会与对手趋同，这是庄子的一个天才的也是惊人的发现，虽然这样的结论有其片面性，却也可能是某些人喜欢讲的片面的深刻性。你与某种谬论完全无涉，完全切割清晰啦，也就谈不到反对或者赞同。中国共产党与中国国民党起码都是现当代中国的政党，都表示要把中国的事办好，它们的合作或者对抗才有可能发生也才有意义，才有了

两种中国之命运。而中国共产党与罗马帝国时期的一个政治派别就不会有这样密切的合作与对抗的关系，不是对手也就不是一类。

有始也者，有未始有始也者，有未始有夫未始有始也者。有有也者，有无也者，有未始有无也者，有未始有夫未始有无也者。俄而有无矣，而未知有无之果孰有孰无也。今我则已有谓矣，而未知吾所谓之其果有谓乎，其果无谓乎？

有开头就有开头之前，即尚未开始，那么，再研究一下，还有尚未开始之前的尚未『尚未开始』。有有，就有无，就有有无之前的尚未有无，又有了尚未有无之前的尚未有尚未有无。一下子有了无啦，但是你并不知道有与无之间是有呢还是无呢？是什么有了，还是什么无了呢？没有有，无什么？无个啥？没有无，有什么，有个啥？我今天已经算是有这么一号了，有一套言语说法了。然而让我们试着追问一下，果然我有一套言语说法吗？还是谈不上什么言语不言语，说法不说法，我说的完全等于没有说呢？如果你连有啊无啊地都说不清楚，那么你的对于有与无的讨论本身，算是有了、有过、正在有、尚未有、尚未尚未有，还是无了、尚未无、尚未尚未无呢？

就是说你并不知道是先有了有后有了无呢，还是先有了无后有了有呢？无，然后才有了有？有，而后才有了无？无与有，就像鸡与蛋，是哪个产生了哪个呢？是哪个有了又是哪个无了呢？

这一段是讲逻辑的悖论，也是数学的悖论；讲逻辑的辩证法，也是讲数学的辩证法。数学和逻辑学、哲学一样，是一个穷根究底、终极关怀的学问，一终极，就必然将自己绕进去。一切否定性的论断都怕自身，用到自身上边，否定的论断本身也被否定了，否定之否定，不是重新又被肯定了吗？一切肯定性的论断就怕遇到否定性论断，肯定了否定，

不就否定了肯定了吗？你要是想去否定那个否定，你不又是背离了肯定的大方向了吗？

有和无，开始和未开始，就是这样的逻辑冤家。我们说有了，因为我们知道原先是无，我们说有了人类，因为我们认定此前没有人类。如果我们说某人无（死掉）了，是因为此前他或她有即生存过。我们无法说一个压根没有出生过的天才运动员无了，我们也无法说一个压根就有的例如某些宗教所信仰的上帝或某种哲学所论述的大道是从什么时候什么地方开始有的。老子早就说了，有无相生。但有无一相生就更乱套了，有中有无的契机，才可能无，无中有有的因素，才能变成有，难道不是这样吗？

开始与未曾开始，也是这样一对冤家，开始就是开头，就是最初，最初之前呢，也就是尚未最初，也就是最初的最初，以至于无穷，以至于虚无……

庄子已经意识这个麻烦，你要齐物，齐不齐那个争是非分彼此的物呢？如何去齐那个不齐之论不齐之思呢？你的所说所谓，与那些你不喜欢的一面之词、片面之理、争拗之牵强、谬误之所说所谓——果真也属于一大类吗？你要去齐那种争是非、分彼此、耽于斗争的杠头论，你这不是自己也在那里，争上、分（辨）上、闹腾上了吗？而如果你认为你的齐物论、非争论与杠头论、好斗论，也可以齐到一起，如果你可以任凭杠头们整天忙于是是非非、彼彼此此、分分裂裂……那么还有你的齐物论什么事儿呢？

无为也是如此，不遗余力地提倡无为，批评有为，提倡无为，算不算一种为？这究竟算得上彻底的无为吗？不言更是这样。说出了不言二字，不已经言了吗？肯定中可能包含着否定的因素，否定中包含着肯定的因素，正数中包含

着负数的因素，一个正数减去更多的正数，不就变成了负数了吗？负数中包含着正数的因素，负数减去绝对值更大的负数，不又变成了正数了吗？与其说这是悖论，不如说这是辩证法的正理。

庄子在论文中屡屡提出问题，不做回答。他的文章需要标很多的问号，这更像是文学作品而不像哲学作品。他是在抒发他的困惑，但又不限于困惑，他是用困惑作清醒剂，既然这么多的困惑都解决不了。你又有什么把握有什么根据自吹自擂，搞什么顺我者昌、逆我者亡、唯我至尊呢？

天下莫大于秋豪之末，而太山为小；莫寿乎殇子，而彭祖为夭。

庄子果然好作惊人之语。他说公认的细小的秋豪（毫）即秋天鸟类脱下的细毛是最大的，而公认的庞然大物太（泰）山才是最小的。这也是从然于然、可乎可的理论上说事。

如果懂得自己的所以然的道理，秋毫也是够大的，它不会要求自己放大，更大；放大了更大了就不是秋毫而是舆薪——柴禾了。而如果它一心膨胀，泰山也是不能满足的，还有喜马拉雅山比它高，黄山比它秀美，阿尔卑斯山比它如何如何呢。寿命也是一样，珍惜生命，享受生命，善待生命。短短的几年也够你做许多令人满意的事情，而欲壑难填，野蛮麻木，即使像彭祖那样活上八百年又有什么好处？

故意地贬泰山与彭祖，夸大秋毫与殇子，无论如何还是太过分了。刻意出口惊人，忽悠大发了，智者不为也。这是虽智如庄子，亦难免之矫情也。这里有口舌的快意，有思想的犀利感，有夏令时作惊人之论的许多人、尤其是许多才子会有的大话狂，于戏！

天地与我并生，而万物与我为一。既已为一矣，且得有言乎？既已谓之一矣，且得无言乎？一与言为二，二与一为三。自此以往，巧历不能得，而况其凡乎！故自无适有以至于三，而况自有适有乎！无适焉，因是已。

庄子的这一段也很有魅力。他讲了个一、二、三。先是主观与客观的同一，叫做天地与我并生，万物与我为一。既然已经为一并生，也就本来不需要有言语来讨论这个一或者说什么这个那个，包括说什么齐物与不齐物了。既然为一，也就必然要言说、展示与反观这个一，就要用认知的主体来感受与表述这个主体与客体的统一了。

于是，关于此一，我——主体，有思想、有想法、有话说，主体是不甘寂寞的，主体从为一与并生中硬是跳出来啦，这就成了二。这个二再加上一个原有的我与天地的统一为一并生，或者再加上一个新的全部主体客体结合分离与言说的统一，那不就是三了吗？也不妨说有大道是一，有世界是二，有庄子这个大道与世界的言说者见证者是三；大道与世界的结合是一，世界与庄子的结合是二，大道与庄子的结合是三，三者都结合在一起便是四了。有了一就有二，有了二就有三，这样相加下去、复杂下去、结合下去或者分离下去，再聪明的人也不知道会繁杂化到何地，不知伊于胡底。平凡的人呢？更晕菜了。

从无到有，仅仅从观念上分析已经从一变成三了，无是一，有是二，无加有再加对于无与有的体会讲说是三，就这样变化增加下去了，可至于无穷。何况从有再到有呢！

先说天地与我并生，万物与我为一，这是一种境界，人活一世，拥有天穹庐，地毡毯，天地之间有了你这一号，你这一号的环境有了天地的浑然与辽阔持重。天地的浑然与辽阔也就是你的浑然与辽阔，天地的负载与持重，也就是

你的负载与持重。同样，天地有了你的灵性，有了你的感知。中国古画最喜欢画的题材之一就是画一个大的山景，雄浑而不无妩媚的山景中有一两个小人、小桥、小屋、小亭。这反映的就是并生与为一的美好感受。人的灵性、人的喜怒哀乐、人的焦虑与困惑，也来自天地，共振天地，献给天地，激活天地，与天地同在。人病了，也就天昏地暗了，天地其实没有昏暗，但至少是给人以昏暗的感受了。

万物莫不如此，并生就是如今时兴讲的共生，有了共生就有共振、共舞、共鸣，生命扩张为万物，万物获得生机于生命的主体。人体是由各种物质组成的，是万物所成，而物质是不会消灭的，它最多不过是改变存在形式罢了。能量同样也是只可能改变存在形式却不可能彻底寂灭。人的精神的影响也是永存的，一个人说过一些话，做过一些事，影响了别的人和别的事，再影响了另外的人和事。新的人和事中包容着、继承着原有的人和事的影响与痕迹。按哈萨克族的人们安慰死者的家属的说法，既然我们都见过他（死者）、记得他、谈论着他，这就说明他还在呢，他还有呢！

再说，天地万物与我，都有相同或相似的新生、成长、壮大、衰微直到死亡的过程，都体现着无所不在、无所不行、无所不用的大道。既然如此，何必叹息天地的恢宏与个人的渺小，叹息万物的永恒与自我的短暂呢？你生存的几十年是你存在的一种形式，你没有生存的与死后的长久，同样是你存在的一种形式。地球、太阳系、银河系的亿万斯年是它们的一种存在形式，它同样有自己的起始与结束。注意，不存在也是一种存在形式。就像传染病的零报告也是一项重要的流行病报告一样。不但你如此，天地万物莫不如此——天地万物都有自身的存在与不存在的存在。

了解了这样的与天地并生与万物为一的道理，还有什么想不通的呢？既然主体与客体能够统一同一，何必再去言

说这个同一呢？何必不去言说这个统一呢？一方面是主体与客体的统一，一方面是对于这个统一的言说分析，是主体的凸显与表演，统一而被研究分析，就等于有了二，有了一的反映与述说，有了对于一的其实并不仅仅是一而且是包含了二的认知：主体与客体两个方面嘛。有了主体、客体、言说三个方面了，人顺着统一的思路走，越走越向着一，向着浑然一体而行进；人顺着分离的思路走，越走就越加分离，从无到有都能很快变成三，何况从有到有，从三到多呢？一而二，二而三，三而多，多而更多，多而无穷，无穷便混合为一体，多而一，这正是认知的统一性与分离性的结合。谁能不一？谁能不多？多就是一。一就是多。齐物齐物，先齐一下一与多的物吧。

> 夫道未始有封，言未始有常，为是而有畛也，请言其畛：有左，有右，有伦，有义，有分，有辩，有竞，有争，此之谓八德。六合之外，圣人存而不论；六合之内，圣人论而不议。春秋经世先王之志，圣人议而不辩。

最初，道并不区分你我彼此，言说，并不强调自己才是正理定论，为了争一个是非，搞得出现了分野。什么样的分野领地呢？有左有右，有伦理有忠义，有区分有辨别，有竞赛有争夺，这就叫八德。对三维空间以外的事情与话题，圣人搁置在那里暂不讨论。三维空间以内的事情与话题呢，圣人论说它们却不评头论足，圣人们对之主要是做认知判断，而不像俗人们那样急于做价值判断。俗人们的特色是还弄不清真相呢，先分辨好事、坏事、美丑、善恶、爱憎。俗人们与圣人们正好相反，俗人们对六合之外的事情是论而不存，即只知无根据地瞎说。俗人们对六合之内的事情，是议而不论，指手画脚却根本不知就里也不知其奥妙。那么，对于春秋天下经世致用的先王们的得失成败，圣人有所议论臧否，但是不制造矛盾纠纷，不因之发生辩论分歧。天下已经够混乱了，已经够叫人费心思的了，如果不但为了现时

现世的事而纷争，还为了历史往事先王而争个头破血流，不是更愚蠢了吗？

道也罢，言也罢，并没有铁定的标准与范围。当然，道与言面对的有八个方面，即左与右的天下地上、伦与义的人际关系、分与辨的认识论、竞与争的社会矛盾。这些都是三维空间的事物，都是此岸的事务。那么三维空间以外呢？人间境地以外呢？彼岸即死后的事情呢？六合之外，即人间世之外。三维空间之外，我们只能搁置在那里，可以假定非人间、非世间、非我们所在的三维空间的存在，却无法，也无依据对之说三道四。六合之内，即此岸诸事呢？圣人有所评论，但是不加发挥，不添油加醋，不自作聪明，不妄加解释。对于古典经典的历史与文书，我们可以有所体认讨论，但是不加批评指摘，不搞对于古圣先贤的批判或大树特树。

庄子提倡的是一种在世界与历史面前的谦卑与低调态度，齐物的结果必然是谦卑与低调，只有爱爱仇仇，黑黑白白，以真理的化身自居的人，才会生杀予夺，自我作古，大胆妄为。

> 故分也者，有不分也；辩也者，有不辩也。曰：何也？圣人怀之，众人辩之以相示也。故曰辩也者，有不见也。夫大道不称，大辩不言，大仁不仁，大廉不嗛，大勇不忮。道昭而不道，言辩而不及，仁常而不周，廉清而不信，勇忮而不成。五者园而几向方矣。故知止其所不知，至矣。孰知不言之辩，不道之道？若有能知，此之谓天府。注焉而不满，酌焉而不竭，而不知其所由来，此之谓葆光。

分析的结果可能是无可分析，浑然一体。争辩的结果可能是不如不辩，此时无声胜有声。圣人保留着分析与争辩

的契机，宁可不去争辩分析。而众人、一般人才通过争辩显示自己。辩是有所不知、不见、不闻的产物。大道不必自诩。大辩不必言说。大仁爱不必示爱煽情。大清廉不必啰嗦。大勇敢不必炫耀。大道忙于显示就不合于大道了、就压根儿不算大道了。言说滔滔善辩，反而说不到点子上了，找不准感觉啦。（『文革』中的大量文字言说高论就是这样。某些装腔作势的文人姿态与文人忽悠，也属于这一类。）仁爱抒情太过，就不是自然的仁爱了。把自己的清廉展示太过、太清晰、太洁白无瑕，反而不可相信，弄不好变成了刘备摔孩子刁买人心啦。而所谓勇敢太违背情理，太出幺蛾子，反而一事无成。

道、仁、言、廉、勇这五方面，你太想做得圆满，反而走向了自己的反面，变得带棱带角，硌硌硬硬。所以说只要知道适可而止，知道遇到自己没有把握的事情就不一味追求一味强化，知道自己本来是有所不知的，不能什么情况下都往前赶、往前冲，这就算是学到家了。谁能懂得不言之辩，不说话而战胜对手，不说道而恭行大道？要知道，到了这个份儿上就是天成的、天才的胸怀与肚量了，这样的容存，往外倾倒多少也不会减少，往里吸收多少也不会满溢。为什么能做到这样呢？不需要说出想出什么缘故。这才是内在的永远的光辉呀！

这也是道法自然，行云流水，过犹不及，不论您是学道行道，仁慈关爱，智慧聪颖，清廉纯正，勇敢无畏，都应该是诚于中而形于外，自然流露，自然反应，不事声张，不做姿态，不摆架势，不搞运气发功炒作声势，而且止于所不知，叫做适可而止，老老实实地承认自己有所不知、有所不能，不热昏，不牛皮，不硬拼，不作状，不哇里哇啦，不蝎蝎蛰蛰，不以闹腾取胜。这很像是对症下药，专治彼时天下大乱，群雄并起，血腥争夺，贩卖兜售中发作的热昏狂躁之症，抑制亡命赌徒心理。邦有道则智，邦无道则愚，当初的乱世中能学点老庄，压压心火，平平躁瘟，良言也，忠言逆耳，良药苦口是也！治世中呢，学学老庄，能不能治得长久一点，稳定和谐一点呢？虽然没有那么简单，至少不无好处吧。

九　把齐物进行到底

故昔者尧问于舜曰：『我欲伐宗、脍、胥敖，南面而不释然。其故何也？』舜曰：『夫三子者，犹存乎蓬艾之间。若不释然，何哉？昔者十日并出，万物皆照，而况德之进乎日者乎！』

说是当年唐尧向虞舜咨询，我想要讨伐宗、脍、胥敖三个小邦，不然我虽称王，委实不觉爽气。他们三个小地方不听我的管理，这算是啥事情呢！舜说，唉，那三个小玩意儿，不过是生活在野蒿恶草之中的野蛮部落，有啥值得介意的？当年十个太阳挂在天上，照耀万物，互不妨碍，何况像您这样德性与太阳同样宽宏伟大者呢！

又是突突兀兀，出来一个尧要征伐三个『蓬艾中的』（不发达的）小小侯国的假托的故事。舜以天有十日的例子规劝尧要容忍。且慢：第一，为什么要突然讲这么一个故事？第二，传说古时候天有十日，尧舜时期已经干掉了九日，不管是不是嫦娥的丈夫后羿射掉的，九日之除并未受到过谁的质疑，神话上也说是十日烤晒得受不了嘛。第三，这里是讲齐物的，尧舜的故事则偏于讲容受与戒贪得无厌。这与齐物不齐物的关系安在？第四，不管有多少事实根据，先秦诸子对于唐尧还是比较尊敬乃至是予以理想化的，庄子却偏偏数落之，有缘有故吗？无缘无故吗？

这段文字留下了较大的空白，值得思索。

不能留下几个归顺的小国，不能留下『土围子』，扫帚不到灰尘照例不会自行跑掉。你可以从权欲上解释，但当事人、决策人更多地会宣称是为了一定的理念。理念——意识形态可能是夺取政权的斗争的理据与旗帜。另外还有群体的利益，同样也会在一定程度上意识形态化。做不到齐物，就一定要用自己的理念与利益去取代、去战胜其他非我族类，以此胜彼，以是胜非，以先进胜反动，以智慧胜愚昧，以文明胜野蛮，以民主胜独裁，以本族胜他族，等等。可以说，在老庄的价值虚无主义的、未必全部可取的立论背后，隐藏着他对于价值偏执、价值霸权、价值排他的清明预言与警告，这对于人类是非常重要的逆耳忠言。这是一。

天有十日的说法有点多元主义。但这种主张从来就在我国站不住脚。毛泽东在全国革命胜利以后，也曾踌躇满志地说，蒋认为天无二日，我偏要给他再出一个太阳看看。此话语出现在影片《开国大典》中，想来是有据的，也是很有中华文化与毛泽东本人的个性色彩的。这是二。这最多也是一分为二，从一日变成二日的恶斗，然后还是一日。天有十日，有德者容许十日，是中国的多元乌托邦主义萌芽，可惜此后此说不知所终，或是无疾而终。原因是中国的土壤更适合产生与强化天无二日的一元论。

齐物就要『齐人』，包括唐尧、虞舜、周公、孔圣人，等等，庄子对他们都不感兴趣，都要时不时地解构一番，有时甚至达到了酷评的地步。只有敢于向大人物挑战，才能显出庄子的立论特色、立论魅力和立论气魄来，也唯有拿着唐尧说事，才显示出庄子齐物论的彻底性或超彻底性来。这是三。

啮缺问乎王倪曰：『子知物之所同是乎？』曰：『吾恶乎知之！』『子知子之所不知邪？』曰：『吾恶乎知之！』

『然则物无知邪？』曰：『吾恶乎知之！虽然，尝试言之。庸讵知吾所谓知之非不知邪？庸讵知吾所谓不知之非知邪？』

啮缺向老师王倪问道：『您知道世间万物所共同认可的标准与道理吗？』王老师说：『我上哪里知道去呀？我怎么去知道呀？』『那么，您知道您的所以不知道吗？您知道您究竟有哪些东西不知道吗？』『我上哪里知道去呀？我怎么去知道呀？』『这么说，是不是大家都不知道这些东西呢？』『我上哪里知道去呀？我怎么去知道呀？尽管如此，让我试着与你解释一下，你从哪里去断定我如果说我知道，实际上是不是其实不知道呢？而相反，如果我说我不知道，是不是正是证明我恰恰是知道的呢？』

这里说的是，知与不知其实是说不清楚的。知道万物的共同点？哪里知道？知道你为啥不知道吗？哪里知道？别人也不知道（或你什么也不知道）吗？哪里知道？一大串『吾恶乎知之』，一大串问号，给读者留下了深刻印象，这是庄子作为一个哲人发出的呼唤，也可说是哀叹，也可能是提醒，是大明白话：千万不敢牛气冲天呀，千万不要自以为是自以为知呀，千万不要妄说什么知道这个不知道那个呀……其实我辈人子知道的那点玩意，根本就靠不住的哟！

且吾尝试问乎汝：民湿寝则腰疾偏死，鳅然乎哉？木处则惴栗恂惧，猨猴然乎哉？三者孰知正处？民食刍豢，麋鹿食荐，蝍蛆甘带，鸱鸦耆鼠，四者孰知正味？猨猵狙以为雌，麋与鹿交，鳅与鱼游。毛嫱丽姬，人之所美也；鱼见之深入，鸟见之高飞，麋鹿见之决骤。四者孰知天下之正色哉？自我观之，仁义之端，是非之涂，樊然殽乱，吾恶能知其辩！

让我再问问你，人不能在湿地入眠，在湿地睡多了会腰痛偏瘫，泥鳅可没有这个毛病。人呆在树枝上哆哆嗦嗦，

猿猴有这样的问题吗？请问：人与猿与泥鳅，三者谁的选择才算居住的正路才算标准呢？（各种是非正误，又哪里有个准头？）

还有吃，人与许多动物习性不一样，人吃家畜，鹿吃畜草，蜈蚣将小蛇作为美味，而猫头鹰与乌鸦则专嗜老鼠，四种不同的食物，哪个才算标准算正宗呢？

择偶与审美也不一样啊。猵狙（狗头猿）喜欢与母猴交合，麋则配鹿，泥鳅与鱼类配对。而为人类喜爱欣赏的毛嫱丽姬，鱼类看见了吓得往深水里钻，鸟类见了吓得往高空飞，麋鹿见了吓得逃之夭夭。哪个才算正路才算标准？

在我看来，什么仁义呀是非呀，越辩越糊涂混乱，我哪儿知道该怎么去判断？我哪儿知道人们在争论些什么，在闹腾些什么！

庄子真能雄辩，连泥鳅、猿猵、麋鹿、蝍蛆、鸱鸦都捎带上了。这也是讲万物尤其是价值的相对性、多元性，没有绝对的价值，只有某一方面的价值。

庄子在这里不小心碰上了、碰对了、碰准了现代很时兴的对于动物植物环境的尊重爱护思潮了。庄子与人平等地讨论泥鳅、猿猵、麋鹿、蝍蛆、鸱鸦们的选择标准，真够先进的，在中国尤其是稀罕的。

人为什么这样喜欢分三六九等？在一般人眼中，不但人要高于动植物，猿猵、麋鹿也要高于泥鳅、蝍蛆，然而庄子是拿它们一视同仁的。这还不算齐物吗？人什么时候能谦逊地客观地将自己看做物种之一，而不是世界的主宰、万物的主宰呢？

齧缺曰：『子不知利害，则至人固不知利害乎？』王倪曰：『至人神矣！大泽焚而不能热，河汉冱而不能寒，疾雷破山而不能伤，飘风振海而不能惊。若然者，乘云气，骑日月，而游乎四海之外。死生无变于己，而况利害之端乎！』

问：你认定利害都是相对的、不值得计较的，至人高人圣人们呢？

答：至人是超常的神妙的。大泽起火，至人不觉得热。河川冻冰了，至人不冷。巨雷劈开了山脉，狂风掀起了海啸，至人并不惊奇，并不受扰。岂止是利害不在话下，连大泽、河汉、疾雷、飘风等也奈何不了他。这样的话，至人能突破时间空间生命的局限，乘坐着云气，骑乘着日月，遨游到四海之外（遨游到了外层空间），连生死都无需分辨，对于至人，还有什么利害值得一说！

一面是对于凡人是非利害争辩的看穿、看透、解构，一面是对于至人、通道得道之人的赞颂与想象，这就是思想的力量，这就是思想的享受，这就是想象的美丽！伟哉，善哉！

这也是思想的自足性的表演，你什么都没有了，什么都被剥夺了，但是你还有思想，你还可能在思想中获得辉煌胜利，你还可以在思想中百战百胜，无往而不利，成为比皇帝更尊贵的至人、比将军更勇武的神人、比泰山更高耸的圣人。如果你其实一无所长，这种思想上的至人化、神人化、圣人化，就是百分之百的阿Q，只配被鲁迅揭底和嘲笑，或者其实鲁迅也不妨对待阿Q君更理解更宽容些。

如果你确实有一技之长，有思辨的能力，有自圆其说的本领，有文才与辩才，有沉浸在思想中的工夫与快乐，有出色的表达能力，有语言修辞与各类学问的功底，那么，你至少是思想家、文章家、雄辩家、哲人。你是有用之才，

不必自惭，不必害怕与阿Q沾亲带故。

如果阿Q先生有机会出一次洋学一点英语加拉丁文，或者上个私塾学点先秦两汉，他照样也可以成为学界昆仑、国学泰斗、研究院院士的。你信不信？

瞿鹊子问乎长梧子曰：『吾闻诸夫子：「圣人不从事于务，不就利，不违害，不喜求，不缘道，无谓有谓，有谓无谓，而游乎尘垢之外。」夫子以为孟浪之言，而我以为妙道之行也。吾子以为奚若？』

瞿鹊子向长梧子提问：我听孔夫子说起过，说什么圣人不忙于事务，不追求利益，不躲避灾害，不稀罕喜乐，不高攀大道，从无中，他能看到有，从有中，他能看到无。明明是无，他偏要说是有，明明是有，他偏偏要说是无，还有，有话要说却不一定说，没话可说也不作清高寂寞状。他好像生活在尘世之外。孔子觉得这是冒失话，而我以为这里头有绝妙的道理，您说呢？

不仅是齐物，而且齐态度，齐反应，齐举止，不挑三拣四，不趋长避短，不因为外物的变化而变化，不因为外物的利害而决定取舍。心如古井无波，面若枯木无（表）情。这也绝了。这就叫超越，叫高蹈，叫通透，叫境界，是中国士人讲究的修身之道的一部分或一条路径。

如果硬要抬杠的话，说不定会觉得那样太像死人了。与死人不同处在于思想，他仍然能思想，能得出怪论，能出奇制胜，能高人一头。不是地位高，而是理论高、见地高、境界高。你能不服吗？

长梧子曰：『是黄帝之所听荧也，而丘也何足以知之！且女亦大早计，见卵而求时夜，见弹而求鸮炙。』

长梧子说，这一类问题，黄帝听了也会摸不着头脑，孔子能知道个啥？你也太性急了，看见个蛋就要它打鸣，看见个弓子就等着吃烤飞禽。

这是什么意思呢？是指不该急着去问孔丘？（而应该问他老长梧子？）是指这样高妙的问题根本不必拿出来讨论？是指有些思想自己慢慢体悟也就行了，瞎白话些啥？是指本来就不可能有结论的话题，还啰嗦个什么劲？

这里似乎还有点东方神秘主义——信仰主义、信不信由你主义、感悟与顿悟主义、心灵暗示说、催眠说，非思辨、非对话、非论说、非讲授、非语言直至非教育说。不是所有的问题都宜于去提问、去研讨、去请教的，有些问题，只可意会，不可言传，有些说法，独自咀嚼享受足矣，饶是价白话（到处乱讲），只能讨嫌与丢份儿。

予尝为女妄言之，女以妄听之奚？

然后是姑妄言之，姑妄听之的正宗原本。两个『姑妄』，虽然不完全是原文，却已经流传至今。相对主义虽然缺少担当，毕竟还有几分谦虚，言与听都是姑且，妄则是大胆一回，冒险一把。庄子不作真理的化身状，也不要求人家拿他当上帝或者什么泰斗崇拜。这是他容易取得好感的地方。

话又说回来了，人活一辈子，有多少事能不姑妄？有几成的事是有了百分之百的把握？从理论上说，人类总结出来的道理法则、科学，都是归纳法的结果。而所有的归纳都不是百分之百的准确，一万次的证明所归纳的法则，敌不过一次证伪。西方学者强调科学的定义并不在于它们的已经被证明，而在于它们的可能被证伪。不能证伪的东西多半也不能证明，例如宗教、艺术，等等，所以它们不是科学。多么有趣的命题！

这里的庄子——长梧子以退为进，既然是妄言，怎么说就都是有理、有味道的啦，乃说道：

旁日月，挟宇宙，为其脗合，置其滑涽，以隶相尊？众人役役，圣人愚芚，参万岁而一成纯。万物尽然，而以是相蕴。

为什么不依偎着日月，簇拥着宇宙，追求浑然一体的整合大境界，还要去划分是非贵贱呢？众人忙忙碌碌，圣人简单朴素，任你千变万化，圣人以不变应万变。千变万化，其内蕴却是一样的大道啊。

一方面是一龙一蛇，与时俱化，一方面是愚芚成纯，这就叫变中有不变，不变中有变。这更是进一步齐变化与不变了。中华文化在强调变通的同时，又大讲以不变应万变，就是说我们的古圣先贤，能够从不变中看出千变万化，又能从千变万化中看出亘古不变的根本与本质来。这其实也很高明，甚至于我们可以说，千变万化的结果正是不该变的绝对不变，或者说，亘古不变的结果是能够最好、最顺当地与时俱化、俱进、俱变。

予恶乎知说生之非惑邪？予恶乎知恶死之非弱丧而不知归者邪！

庄子把齐物论发挥到了极端，就是齐生死。悦生恶死，贪生怕死，谁能说不是犯傻呢？你怎么能够肯定，悦生恶死这不是小时候流落异地，大了也不知道回老家一样地犯傻呢？

原来死亡是回老家啊。谁又能说庄子说得不对呢？谁能说无不是自己的老家、自个的原籍呢？

丽之姬，艾封人之子也，晋国之始得之也，涕泣沾襟；及其至于王所，与王同筐床，食刍豢，而后悔其泣也。予恶乎知夫死者不悔其始之蕲生乎！梦饮酒者，旦而哭泣；梦哭泣者，旦而田猎。方其梦也，不知其梦也。梦之中又占其梦焉，觉而后知其梦也。且有大觉而后知此其大梦也。而愚者自以为觉，窃窃然知之。君乎，牧乎，固哉！

就像丽姬故事，她嫁到晋国，享受幸福，但一开始她是极其悲痛的。真到了晋国享了福，与晋王同床共枕，吃香喝辣才知道本不必悲痛。她为当初的哭泣而后悔得不行。

我们从哪里知道，死后的人不后悔当初的贪生怕死、喜生惧死呢？梦到喝酒的人，早晨醒了却哭了一场。梦到哭泣的人，早晨起来打猎去了。梦中的人并不知道自己是在做梦，他是视梦为真、弄假成真。等醒过来了，才知道方才是做梦。醒得越彻底，越清醒地知道了自己醒来以前是大做其梦，人生宛若大梦一场罢了。而愚傻的人，还没有醒过来呢，却自以为嘛都明白了，君啊臣啊地还教导旁人呢！

以此来说生死，来劝人不必悦生恶死，有点太彻底了，而什么事什么道理一旦太彻底，就难免过分了。

第一我们应该承认生命的惜生乐生惧死恶死本能，否则，按丽姬的寓言，杀生就不是罪孽而是功德了。第二，高明奥妙如庄子，知道齐善恶、齐万物、齐是非、齐寿夭、齐贵贱、齐生死，为什么就硬是不知道齐悲喜呢？生了孩子大办喜事，死了人大放悲声，大办丧事，这又有什么需要特别计较的呢？不是通称『红白喜事』吗？都是至情流露，都是人之常情，都是感情淋漓，您何必教导我们反而要去乐死而悲生呢？那不就矫情了吗？

人倒是常常会觉今是而昨非。觉得过去的某些糊涂处如大梦一场。那么，今是昨非会不会又是一场梦呢？什么时候才是当真醒过来了呢？如果今是而昨非，那么到了明天，再今是而昨非，不就是今非而明是了吗？还有明天的明天与明天的明天的明天啊。这可就变成了吊诡——诡辩啦，永远醒不过来啦。

丘也与女，皆梦也，予谓女梦，亦梦也。是其言也，其名为吊诡。万世之后而一遇大圣，知其解者，是旦暮遇之也。

孔某人啦，你先生啦，都还那儿做着梦呢。我说你在做梦，又谁敢保险我本人没有做梦？这样的说法，就叫吊诡，就叫怪异，就叫悖论。这样的吊诡问题，一万年后遇到能够解释回答的人，就算快捷便当地如同旦夕成之的速度了。

台湾至今很喜欢用『吊诡』一词，指自相矛盾的悖论，也指怪论或循环论证，永无休止。庄子认为能解得吊诡的人是万世难遇的。

这其实与数学上的那些悖论是一样的，它们是人类智慧的窘态，也是人类智慧的骄傲与享受。智慧使智慧无言以对，智慧拆除了智慧的架构，这难道不是窘态吗？这难道不是伟大与天才的提问吗？能够深入思想并看到悖论的奇异风景的人有福了！

任何一种理论如果太彻底，就反而通向了悖论——吊诡。庄子那么早就接触到这个悖论——吊诡了，他的悖论可以命名为『梦醒悖论』。如果醒来是对于入梦的否定，那么再进一步醒来，会不会又否定了上次的否定即上次的醒来呢？多么值得惊异，又是多么可惜呀，为什么我们的伟大祖国硬是没有在此后发展起伟大的数学逻辑学来？

既使我与若辩矣，若胜我，我不若胜，若果是也，我果非也邪？我胜若，若不吾胜，我果是也，而果非也邪？其或是也，其或非也邪？其俱是也，其俱非也邪？我与若不能相知也，则人固受其黮暗，吾谁使正之？使同乎若者正之？既与若同矣，恶能正之！使同乎我者正之？既同乎我矣，恶能正之！使异乎我与若者正之？既异乎我与若矣，恶能正之！使同乎我与若者正之？既同乎我与若矣，恶能正之！然则我与若与人俱不能相知也，而待彼也邪？

然后是齐胜负，齐判断，齐裁决。齐了也就是没了，没有是，当然也就是没有非，没有赢当然也就是没有输。庄

子何等滔滔雄辩，势如破竹。你赢了我，我没赢你，就是你正确吗？我赢了你，你没赢我，就是我正确吗？或者是当真有是又有非吗？或者大概其有其是又有其非吗？或者都是是或者都是非吗？

我与你能够知道这个是与非的结论与分析吗？让谁来裁判呢？请与你意见相同的人裁判？既然与你意见相同，他就是你那边的人了，他岂能裁判？反之亦然。请与你我意见都不相同的人裁判，既然都不同，他还来裁判个什么？他已经有了结论啦。请与你我意见都相同的人裁判，既然都同意了，还裁判个什么？我、你、他三方面都不能沟通，还有什么裁判好等待的呢？

不厌其烦，大排比，大进军，一切可能性都接触到了，从A到B说完了再从B到A地说，论证所向披靡。但仍然有点玄乎。太强调无所谓胜负是非、无人有资格有可能裁判了，与太强调我说的句句是裁判、是结论一样，恐怕都靠不住。毕竟还有历史、还有实践、还有逻辑、还有实证与实验、还有数据、还有三个有利于的标准嘛。而且还有比较简单的竞争，例如体育比赛，赢了就是赢了，输了就是输了，在篮球场上，思想再深刻有时还不如多投出一个好球呀。

何谓和之以天倪？曰：『是不是，然不然。是若果是也，则是之异乎不是也，亦无辩；然若果然也，则然之异乎不然也，亦无辩。忘年忘义，振于无竟，故寓诸无竟。』

什么叫让大自然的功能与表象取得和谐与整合呢？

什么意思呢？不是，其实也是一种是，或者反过来说，是，也是一种不是，不然——不是这个样子，也是一种然——

一种样子，或者反过来说，然，即这个样子，也就是不然，即不是（另个）样子。如果是是，自然就不是非，就不需要辩其是与非。然——这样子，就是这样子，不是不同的样子，也无须争论。争论都是相待即相反而相成的，是一个巴掌拍不响的。你不坚持你的是，我不坚持唯我为是，也就和谐了嘛，自然了嘛。自自然然地变化发展，用不着算计时间，也不必受时间限制了，忘记了时间的逝去，也忘记了各种说法，也就融入到无穷无尽无分无别更是绝无尽头的大道中去了。

这一段除了逻辑上的论辩的乐趣，还颇有言语上的类似绕口令的快感，即吃葡萄不吐葡萄皮儿，不吃葡萄倒吐葡萄皮儿的快感。言语的快感与思想的快感常常是相通的，也常常是相互影响、相互促进的。是，不是，或是，不，是，或是不是，然，不然，或然，不，然，或然不然，你这么一捣鼓，出来多少道理，多少快乐，多少奇妙，多少享受啊！不要小看语言的游戏，戏着戏着就能出点灵感呢。

罔两问景曰：『曩子行，今子止；曩子坐，今子起；何其无特操与？』

景曰：『吾有待而然者邪？吾所待又有待而然者邪？吾待蛇蚹蜩翼邪？恶识所以然！恶识所以不然！』

罔两责备影子，你一会儿跟着形体走动，一会儿又跟着形体休止，一会儿跟着形体坐下，一会儿又跟着形体起立，你怎么一点独立的操守都没有啊。

影子说，我岂不是有所跟随、有所依附才这个样子的吗！而我所跟随依附的岂不是又有所跟随和依附的吗？我究竟是在跟随依附些什么呢？是像蛇一样地依附并不存在的脚吗？是像蝉一样地依附不断蜕变的翅膀吗？谁知道是这个样子呢，还是不是这个样子呢？

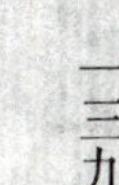

西洋的文学作品中常常以影子与人的关系做文章，中土的这样的文字比较少，但是有庄子，庄子果然与众不同。

影子的影子是罔两，与毛主席爱说的『牛鬼蛇神，魑魅魍魉』的最后那两个字同音，毛主席讲的是鬼死了几遭之后变成的魍魉，而这里讲的罔两是影子以后又成为影子的影子的微阴，二者都是越来越模糊，越来越遥远。罔两责备影子缺少独立性，这很有些个哲人的幽默感。这比俗话说的老鸹落在猪身上责备猪黑，要有趣得多。

与影子相比，其实罔两更缺少明确性与独立性，从早到晚，它们似有似无。它们反过来责备影子，上的纲还不低，说是影子——景没有特操，没有独立人格与操守，用现在的话来说就是太跟风，没有做到可杀而不可辱，没有成为良心、良知的代名词，即缺少抵抗精神。怎么这样的罔两责备影子的事万古不绝，于今尤烈，似曾相识，如此令人哭笑不得！

呜呼，人是多么悲哀！你不知道如何来的，不知道如何去，你不知道天外之天也不知道天内之万物，却还要彼此争辩恶斗。你以为你自己是独立？你是不是也像影子一样地随着主人的形体，随着命运与大道，随着历史与气数而行止坐起？反过来说，所谓主人形体是自主的吗？它又是随着什么行止坐起呢？你想过这个问题吗？你能知道为什么人或人的形体要行止坐起吗？你能知道为什么没有另样地行止坐起吗？

这是一直齐到了自主与不自主、自由与不自由上来了，齐到了特立独行与人云亦云上来了。使别物不自由的人自己也是不自由的，这个话有点意思。马克思、恩格斯在论波兰问题时说过，压迫别的民族的民族是不自由的。但是庄子是从哲学、从先验的意义上讲自主与不自主的。这就悲观与消极得太多了。悲观之中不无清醒，消极之中防止了膨胀、

夸张、自我引爆。当然，「物」硬是这样地一路齐下去，会不会彻底地不分青红皂白，不分是非善恶，不分祸福利害，不分生死明暗了呢？这样进行到底齐出来的物，也就没有了物，也就没有了齐。请看，万物不存，物已不存，「万」尤其更不能存，人已不存，我亦无存，吗都不存，齐将安在？

也就是进一步齐掉这个齐与不齐之区别，齐就是不齐，不齐就是齐，庄子就是孔子，孔子就是盗跖，盗跖就是圣人、神人、至人，圣人、神人、至人就是猵狙泥鳅，何齐之有？何道之有？何庄子之有？

这样的神奇的思想，可以成为思想的奇葩，也可以成为思想的垃圾，可以成为通达的妙悟，也可以成为无耻的堕落。好人学了庄子，可以更加畅快；坏人学了庄子，可以更加诡诈；善人学了庄子可以更加宽容，狂人学了庄子，可以更加疯癫。神奇的思想就像神奇的山谷，可以在这里欣赏流连，可以在这里修身养性，可以在这里享受大自然，也可能在这里迷失方向直至投河跳崖粉身碎骨！

> 昔者庄周梦为胡蝶，栩栩然胡蝶也，自喻适志与！不知周也。俄然觉，则蘧蘧然周也。不知周之梦为胡蝶与？胡蝶之梦为周与？周与胡蝶，则必有分矣。此之谓物化。

这是整部《庄子》中最潇洒、最凄美的一段。仅仅这一段，庄子就应该名垂千古，感动世界。往潇洒里说，庄周犹如蝴蝶，何必区别庄周与蝴蝶呢？

庄周的文字就是像蝴蝶一样美丽而且翩翩飞舞，或无大用，实为天才。蝴蝶的飞舞是在告诉我们什么吗？还是无所谓呢？至少观之欣然，观之赞叹，观之怃然。

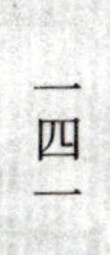

往悲凄里解释，什么是梦，什么是醒，谁又解说得出来？庄周为什么梦见成了蝴蝶就那么适志，那么快乐，而回到了庄周，就那么狼狈，那么局促，蘧蘧然，他为何紧张呢？你以为这只是做文章吗？人生的过程当中，命运的起落当中，恰恰有令人闹不清身为何物，身在何处之感：舒服了不像你自己，像是在梦蝶，不舒服了呢？就一定是你自己吗？不会一觉醒来，己与人都面目全非了吗？卡夫卡的《变形记》也是同样的主题，比庄子晚两千多年，卡夫卡是写一个人突然感觉自己变成了甲虫。那是一个令人压迫的故事，与庄子的风格相差亦远矣。我则早在一九八〇年就写了中篇小说《蝴蝶》，我当时是怎样地为起了这个题名而兴奋呀。

庄子的齐物果然好生了得。岂止是齐物与齐论，还要齐生死，齐寿夭，齐是非，齐悲喜，齐哭笑，齐彼此，齐梦醒，齐一切的一切，人又能将齐物进行到哪一步呢？

十　庄子的内心世界

困难在于我们无法确定当年《庄子》的著作进行情况与结构的本初情况。我们面对的是经过可能不止一次编辑的版本。那么我们至少可以通过一些比较通行的版本（例如本书常常用的王先谦《集解》本）来研讨《庄子》一书中的作者庄子的思路、心路。

庄子所论，借用胡风发明的短语，应该称做「自我扩张」：一上来通过大胆的、超人的想象，寻找通向无穷与永恒，超拔与高端的精神扩张契机。先是北溟即北海，有几千里长的大鱼名鲲。大鱼化作大鸟，叫做鹏。鹏的翅膀若垂天之云。大鱼大鸟，铺天盖地，已经把一切王侯、大臣、将领、说客、精英全面压下去了。完了是对小虫小鸟、蜩、鸠与蟪蛄、

斥鸮的嘲笑，也就是嘲笑百姓凡庸。从中可以看出庄子的膨胀与骄傲，应该叫做精神的优越感。可以说一上来就狂补，气冲九天，豪壮南北，主随客（宾、对象）勇，一上来就是巨人的架势。

然后是大树、大瓢、大瓠，一个比一个大。大到无当了，没有用了。这时，庄子多少要费点力气论述大之用需要有大气魄、大眼光，就像防止皴裂的润手药膏，到了一般人手中只能帮助洗衣妇，到了大眼光人（不妨戏称为『大眼客』）手中能帮助吴王打胜仗，献药方者能封侯裂土。这其实已显勉强，因为一个外科护肤之药起那么大作用是罕见的特例。而坐上大瓠畅游江湖河海，想象的成分远远多于实际可行的成分。虽然还是补药却已显不着边际，已经从服用虫草、野山参、灵丹妙药改成放眼日月精华，吞吐宇宙祥瑞的偏重于虚幻的心理进补了。

再然后说到人，你是列子，我是藐姑射山神人，又是原地拔高，武功上叫做『旱地拔葱』的路数。列子御风，已经玄虚，藐姑美妙，更似一己的想象，进一步从日月宇宙的滋养进入静坐调理、精神按摩直至梦幻性的自我舒适化了。如果刻薄一点说这是追求一种准迷幻感、准可卡因。

这就叫逍遥，逍遥就是精神的自我完成，精神上的巅峰化、高端化、超越化、超常化、大眼化。庄子果然了得。

一株超大的樗树，却又是不中绳墨，不中规矩，既不能当建材，又不好打家具。不但是大而无当了，而且是大而无用了。庄子在这里留下了玄机，撕开了颠覆的口子了吗？是的，同时也暴露了庄子的无奈乃至愤懑。庄子显然对那个语境下的『用』有保留，有负面的看法。中文中一个『用』字，对于士人有特殊的意义：『为世所用』，这个连孔子也羡慕却未能够得着的光辉短语，往大里说是为社会、朝廷、群体、人民、祖宗、后人建功立业，往雅里说是实现

自我，实现理念，为价值而献身，而粗鄙点说干脆就是做官发达，级别待遇，光宗耀祖。所谓『为世所用』，是多少自命精英的没有实现的理想。于是再自我安慰一下，所谓『用藏在我，舒卷随心』一是美谈，二是聪明，三是无奈，四是阿Q，五是命运过得去，没有一直不为世用，也没有用完了落一个杀头问斩五马分尸的下场。

庄子的大樗无用的说法里不无傲气加酸葡萄，通透加悲凉，高扬却又形影相吊，孤独孑然。这是形补而实泄，形热而实寒的一味怪药，如果打个比喻，可说就像是一味长白山野山参，由于进了水，一再发酵，变酸变质，良好的酵母菌与恶劣的酸败菌包括大肠杆菌大量滋生，虽然保留了少量补气的成分，但同时变成了泄药，而且有可能引发急慢性肠胃炎。

大樗的好处不过是能在树下睡个懒觉，由于无用而不至于早早地被砍伐光净夭折而亡罢了。这样的逍遥，美好中包含着超低调，汉族的说法叫做留下我一条狗命，维吾尔族的说法叫饶了我那一勺脏血。它远远少于人生中的可能有的愿望与发挥、选择与机遇、能量与光彩，它其实是对于生命二字的亵渎。名之为逍遥，它能与鲲鹏展翅，九万里，掀动扶摇羊角相比拟吗？命名这样的大臭椿为逍遥，是不是有一点勉强呢？是不是有一点反讽呢？是不是虽说是却道天凉好个秋，却透露出了不尽的愁肠百结，欲说还休呢？

看透了看穿了，什么蝇营狗苟，什么争腥逐臭，什么巧言令色，什么牛皮高调，什么穷奢极欲，什么阴谋诡计，全都是枉费心机，害人害己。远不如在幻想中遨游北溟南溟，扶摇羊角，乘瓠江湖，矗立广漠。

这毕竟是一种审美的境界、一种自我的享受、一种精神的胜利。比阿Q多了一大套说辞、一大套理论、一大套机

锋、一大套忽悠。在这些讲说当中，你不能不承认庄子达到了思辨的高端，他能上也能下，能大也能小，能高也能低，他绝对不是阿Q能够望其项背的。就是说，庄子可以做到与阿Q一样的低，阿Q兄却永远做不到与庄子一样的高明、高扬、高大。忽悠也要看文化层次，也显示文化层次，忽悠得精彩了也能出名挣钱上镜做秀。然而庄子毕竟不仅靠忽悠，他还靠匪夷所思的想象力、思辨力、表达能力与审美能力。这时候就更体现出大智若愚、大高若卑，大优若劣，先秦的大哲人庄周若辛亥革命后赵庄的阿Q君来了。

果然，紧接着就宣扬起形如槁木、心如死灰的巅峰境界来了。形如槁木、心如死灰。这可真是『……为道日损，损之又损，以至于无为』了。到了槁木死灰的最高境界，可以是智障，可以是植物人，可以是病重临终，却也可以是穿越通透的结果，是九万里掀动扶摇羊角的结果。如鲲似鹏，与天地同起伏伸缩，也就视天下如无物了，也就对什么都没有新鲜感与吸引力了。通透的结果是什么都透明了，连眼球也是透明的了，按照光学原理，也就是一片黑暗了。当然接下来就是吾丧我了，也就是槁木死灰了。

齐物的前提其实是万物，是多元，是天籁、地籁、人籁，各有其籁，各有其然，各有其是，而且是然其然，不然其不然，是其是，不是其不是，此亦一是非，彼亦一是非。这是相对主义，这是黑格尔所讲的『杂多』，这是绝对的平等民主、自由多元化。但是这也是通向绝对的集中统一，直至独裁霸权的契机。因为庄子的平等民主、自由多元化不是靠任何的实际举措，不是靠制度法律观念的任何保证，而是靠压根儿不承认一切不平等、不民主、不自由、不多元，精神上自行得到了绝对的解放，从此万事大吉。这是大解放还是活见鬼呢？

庄子一到，天下太平，心平则万物平，物齐则众生齐。管他什么新旧『左翼』，新旧自由主义，还有不论无政府主义或是专制主义，从精神上自我享受自我完成，再无纷争，再无追求，再无遗憾，还要怎么样呢？为什么呢？因为一切追求理念到头来不过是一场空妄，不过是大梦不醒，不过是心劳日拙，不过是害人害己、自取灭亡。既然承认各有各的存在理由运行依据，你还有什么可争拗，可不平，可掰扯，可造反起义的？既然各有其理其据其因其是，万物遂化为一，万事遂化为一，万象遂化为一。不承认是非、彼此、物我、大小、久暂、强弱、贫富、寿夭、生死的任何区别，绝对的相对变成了绝对的绝对，只剩下了混沌，只剩下了太虚，只剩下了齐不齐一把泥（这是泥水匠的口头语）。于是一切行为、一切愿望、一切努力都是愚蠢的不必要的。

庄子本人修炼到了这一境界，可以明哲保身，可以逍遥于乱世，可以表现出智慧，忽悠出哲理，玩耍出文采，扬名万代，南华真人。老百姓做到了这一步，可以唯唯诺诺，听喝听遣，安时顺命，只求苟活。王侯做到了这一步也可以少一点纷争，多一点享福作乐——同时也可以以此愚民，统辖万众，齐物齐民，一律听寡人的不就行了吗？

能上能下，能高能低，难得庄周不但能忽悠鲲鹏，也能体贴鹪鹩、偃鼠、泥鳅、蝍蛆，然后干脆认定秋毫之末也可以比泰山更庞大，殇子比彭祖更长寿。关键在于庄子要取消人间的一切不平感。陈毅当年《游卢梭岛》诗有句云：『莫轻一部《忏悔录》，总为世间鸣不平。』多少思想，多少历史转折，多少风风雨雨，都源自对于『不平』的分析与解读，对于不平症的诊断与处方直至手术。而如果彻底消除了不平感，也就没有了汤武革命、法国大革命、美国独立战争了，也就没有了从卢梭到马克思、毛泽东的理论与事业，干脆说就是没有历史了。

中国的思想家确有其特殊性、彻底性从而不无欺骗性。太彻底了就是骗人兼骗己。孔子的一个贡献是对不平的确认、认同与适当节制调节，孔子追求的是树立一个合情合理、无可置疑的规范，这就是君君臣臣、父父子子，如此这般，却被后世的酸儒腐儒们搞成了恨死人的不近人情的教条。而庄子更彻底一步，压根不承认不平的存在，不承认有必要去正视、分析、认同或者否定不平的存在。庄子的本领是苦练内功，从精神上观念上达到攻无不克战无不胜的顶峰，达到鲲鹏展翅的高峰，也就是达到了丧我、槁木死灰的极致，绝而又绝，既是绝顶，又是绝灭，一路齐下去，齐到什么都不再存在的程度，齐到高峰就是深谷的程度，齐到智慧就是白痴的程度，堪称思想一绝，另类一绝。难怪鲁迅建议不要读中国古书，说是越读你就越会静下来，全无活气了。

我们已经毫不客气地将庄周往阿Q身上解读过去了。但是，这对庄周公平吗？全面吗？

其实我们也可以将庄周往智者身上乃至叛逆者挑战者身上解读。真正的智者最容易做出『饮水差知等暖寒』的结论。智者易冷若冰霜，愚者易冲动燥热；智者最最不愿意的事就是受骗上当，愚者最不愿意的事则是被冷落晒干儿；智者最怕的是被认为别有图谋，愚者最怕的是被认为头脑简单、并无大用；智者往往躲避，愚者常常冲锋。愚者近忠似忠，曰『愚忠』。智者近伪似伪，曰『巧伪』。任何处所，往往愚者多于智者，而且从王侯的观点来看，愚者至少无害或少害，主流价值标准易于往愚者方面倾斜。封建的忠孝节义等，既包含了动人的美德，也包含了某些傻气。比如《二十四孝》与《烈女传》里的人物故事。

为什么智如庄周却得出的是那么消极悲凉的结论？他甚至于以丽姬远嫁哭泣，事后证明嫁远了更幸福的故事，说

明死了有可能比活着的滋味更好。这是骇人听闻的强辩呢，还是杜鹃泣血、鸱鸮哀号、暗含着控诉：杀伐征战、英雄辈出、民不聊生的春秋战国，人民的命运有可能是生不如死呢？

他说的那些争辩、争夺、征战的无谓与齐不齐一把泥，是不是其实是看不惯、看不起士人那种急功近利、兜售炒作、空谈误国而又互相死掐活咬呢？这其实颇有针对性，很『有当』，很实在，怎么说没有依据？他说的那种在这种地狱般的乱世享其天年、无忧无虑的愿望，又怎么能说不是一件值得大书特书的大事！

庄子这样能思善辩，他的思想如太上老君（就是老子的神化）的炼丹炉，什么难题放进去，都化为稀水清汤，铁水铜汤。他无所不能，却终于无奈，一无所成。他不急于去求用求官，或者是求用求官受挫，便毅然走『独立知识分子』的道路，走逆向思维，专门杠头的道路，另类行为与为人的路子，终于留下洋洋洒洒的大块文章，巧思妙喻，高谈阔论。不亦中土之福，华夏盛事，也算是不亦乐乎吗？如果没有庄子与老子，今天高人云端的欲被大力弘扬的中国的传统文化将缺少多少异彩，缺少多少趣味，历代中国士人文人，将增加多少自戕疯狂极端分裂恐怖式的『三种势力』『五种势力』！

自我拔高而骄傲超拔，骄傲超拔而穿越通透，穿越通透而空虚苍茫，空虚苍茫而悲凉消极，消极麻木而智慧齐天，新奇巧妙而洞察万象，至清不但无鱼而且视世界为无物，大彻大悟而智语永存，而朝三暮四、彼此是非、姑妄言（听）之的故事与妙论存焉，出奇制胜、与众不同的思想语言存焉。

庄子的内心世界堪称内宇宙，堪称大周天小周天，堪称奇绝，纵横驰骋，流星满空，鲜花遍地，电光石火，波纹巨浪，高大卑微，智智愚愚，疯疯傻傻，大块噫气，野马尘埃，像风一样自由，像雾一样弥漫，像湖海一样

茫茫，像高山一样耸立，像罔两一样模糊，像朝三暮四与朝四暮三一样狡猾，像混沌一样难得糊涂，翩若游龙，疾如闪电，奔如脱兔，巧若织锦，坠若天花，彩如云霞。他是宏论滔滔，诡辩矫矫，天上地下，生拉硬扯，抡得圆，甩得开，想东就东，想西就西，邪正雅俗深浅良莠善恶虚实，想怎么来就怎么来，骇人听闻，新人耳目，火爆却又潇洒灵动，冷峻却又无可无不可，巧辩却又意识横流，并无逻辑程序，深邃却又旁敲侧击，不求甚解，以及俯视睥睨，仰视谦卑，神神叨叨，嘻嘻哈哈，玄玄妙妙，尖尖刻刻……无所不至其极！这样的文人，我中华数千年历史，只出现了这么一个！

到这时候了，喝出点味儿来了，哲人也罢，思想者也罢，文化传承也罢，文学创新也罢，不是有些时候也只不过是无用之用、漫游之用、忽悠之用、消闲之用吗？真正修身齐家治国平天下的理论，哪里是庄子与各种『子』们精英们的本业呢。扬州有名联曰：『从来名士皆耽酒，自古英雄不读书。』一语道破了天机，读孔读孟，读老读庄，读辞读赋，读欧罗巴读美利坚，又有哪个对取天下、争霸权的英雄业绩派得上用场？

庄子做到了，大智又是大愚，大忿又是大顺，大言又是低小调、涩变调，冷嘲热讽，却又是无可无不可、无言无不言。大悲，既是哀莫大于心死又是哀莫大于心不死，所以又是逍遥大喜真人、圣人、至人、神人，得道养生，出世入世，救世却又遗世而独立，悲哉、乐哉、圣哉、智哉、巧哉、妙哉、矫情哉、逍遥哉、自在哉、一无所用哉、大无害哉、大无益哉，什么都全了的，什么都没了的，十全不补反而药用清泄的我们亲爱的庄周先生啊！我爱你！

养生主：游刃有余、哀乐不入

一　态度与境界：庄子论养生

老子讲摄生，庄子讲养生，这反映了他们对于生命的珍重。庄子一方面讲人无须爱生惧死，其实主要是不必惧死，而要将死亡作为与生俱来的道象、道理，道通为一来欣然接受，一方面讲养生，讲保身，讲全生，讲尽其天年。

其实先秦诸子都是重视养生的基本要求的，孔子讲过八种情况下的不食，不吃不合乎卫生要求的东西，又讲少年、青壮年与老年三个时期的卫生方面的禁忌。孟子则有养气的准气功一说……但明确提出摄生养生概念的是老庄。

而且老庄是把摄生养生提高到世界观、大道观、人生价值与人生境界的高度来讨论问题的：

吾生也有涯，而知也无涯。以有涯随无涯，殆已；已而为知者，殆而已矣！

说是我们的生命是有限的，而知识与智慧是无穷的，以有限的生命追逐无穷的知识与智慧，这不是荒唐的吗？已经知道了这是荒唐的，却还要不依不饶地去求知求智，不就更荒唐了吗？

这更像是讲认识论，而不是养生。以有限的生命去追求无限的知识，这样一种痛苦与局限，是人所不免的。既知此苦，仍要求知，还要更加苦上加苦，这又是谁能避免的呢？

这正是中国哲人与西洋哲人的区别所在。西洋人求知就是求知，注意的是真知还是伪知，而不是整体的人生与知识间的张力与痛苦。中国哲人太重情与整体感受了。西洋的思维方式是分割、分析的，它讲医药卫生体育就是讲医药卫生体育，甚至医药就是医药，抗菌素就是抗菌素，维生素就是维生素，止痒就是止痒，止疼就是止疼，卫生就是卫生，

王蒙讲说《庄子》杂说

公共卫生就是公共卫生，经期卫生就是经期卫生，厨房卫生就是厨房卫生；体育就是体育，田径就是田径，球类就是球类。而中国讲一个养生，从生也有涯这一永恒的、无所不包的叹息说起。中国的文章，哪怕是论文说明文，也总在追求一种一唱三叹的风格。

这是什么意思？他为什么要迎头一棒，让你先老实一点，知足一点，饶了自己吧，别瞎使劲啦……

一者，可能这意味着庄子认为人的不知足，人的贪知多虑费心伤神，一句话是人的精神不得平衡安宁正是戕害自身的生命的根本原因。你想养生吗？先给我踏实下来、给我静谧下来吧。

再者，可能是对于养生本身就不必抱太大的期望值，养生乎、摄生乎、卫生乎、乐生乎，我们只能粗线条地讨论对待，追求太多、太细、太认真本身就不符合大道就只能适得其反。请看，名为庄子内篇的一章，《养生主》的篇幅只有《齐物论》的七分之一与《逍遥游》的五分之一。又要谈养生又要马马虎虎对待之，这就是道行啦。

为善无近名，为恶无近刑。缘督以为经，可以保身，可以全生，可以养亲，可以尽年。

做好事不一定马上得到美名成功，做恶事不一定很快遭到报应制裁。与其等待自身的天佑或恶人的天谴，不如遵循自然的规律养生，可以保全身体，可以使生命全面运转，可以赡养亲属（有的则解释为养其真神、说亲是元神之意），可以尽其天年，不夭折于非命。

这几句话也够突兀的，难道是说，行善行恶与养生无关，无论善恶反正血液在任脉督脉中正常流转，就能维持住生命，而这根大血管（主动脉或主静脉）血液畅通。就能保住身体，就能维护生命体征，可以涵养精神情感，可以尽

其天年。

或者，不知道这一段是否有下列的含义：养生关键在于精神状态，保持平和中正，具体操作，对了错了，并无立竿见影之效。

为善为恶之说不无愤懑，更多是说事实，是说大道的功效并非立见。善恶报应，从因到果，都有一个过程或一段时间，不能急。知也无涯，所以不能狂妄，不能期待或自诩过高。牛皮与急躁都足以伤生。或谓是指做好事不要追求立马有收益，但难以解释成是做坏事也不必急着防报应。也许可以泛指遇到坏人做了坏事，也不能急着让他速得报应。『活着才能看得见』（前南斯拉夫影片《瓦尔特保卫萨拉热窝》中的名言），即使是为了励善惩恶，接受天意，享受正义，也要养生，要有一定的时间，去考验善恶，明白天网大道，天日昭昭，死而无憾。另一方面，只有不急，就能利生养生而不是焦虑自戕。

庄子的许多话有利于心理平衡与治疗。

前文可以分三部分，一个是讲生也有涯，知也无涯，别紧赶慢赶地去跟随追逐啦。我称之为认㞞的哲学。这是老庄的核心思想之一，叫做退一步海阔天空，叫做吃亏是福，叫做避其锋芒，叫做保存有生力量。

而美国人喜欢讲的是你能或我能，奥巴马的竞选广告是：

One voice can change a room. And if it can change a room, it can change a city. And if it can change a city, it can change a state. And if it can change a state, it can change a nation. If it can change a nation, it can change the world. Your voice can

change the world.

一个声音（话语、选择）能够改变一间房室。如果它能够改变一间房室，它也就能够改变一座城市。如果它能够改变一座城市，它也就能够改变一个州郡。如果它能够改变一个州郡，它也就能够改变一个国家。如果它能够改变一个国家，它也就能够改变世界。你的声音能够改变世界。

这是美国人的逻辑，鼓励你去干，去起作用，明明是夸大你的作用也在所不惜。汉学家费正清博士曾经指出中国的『诚意——正心——修身——齐家——治国——平天下』的逻辑不严整，从小的预设条件得出了太大的结论（无限上纲），奇怪的也是有趣的是，从奥巴马的演说中我们也看到类似的论辩轨迹：一个声音——一间屋——一个城市——一个州郡——一个国家——整个世界。

而按照庄子的《养生主》的逻辑呢，我们应该认识到：

世界上不只你一个国家，即使你改变了一个国家，你也无法改变世界，最后你这一个国家也改变不到哪里去。（让我们回忆一下列宁和斯大林曾经面对的一国能不能取得社会主义革命与社会主义建设的成功的讨论，反对派用的就是上述准庄周观点。）一个国家不止你一个州郡，即使你改变了一个州郡，如果此国家没有变，这个州郡也改变不到哪里去。而一个州郡不止有一个城市，即使你改变了一个城市，如果这个州郡没有改变，你也改变不了一个州郡，最后你这个城市也改变不到哪里去。一个城市不止你一间房室，即使你改变了一间房室，你也改变不了一个城市，那么你这间房室也改变不到哪里去。一间房室，不止你一个声音，即使你发出了老大的响动，你也改变不了一间房室，你的

声音其实等于零。你不如干脆什么也不干，你最好靠边歇着。歇着吧，您老！

直到现今，『歇着吧您』，仍然是北京的饱含无奈和精明的俗话之一。

一个你能，一个你不能，对此二者不必急于做出价值判断。但我们可以说奥巴马是行动哲学、进攻哲学，是竞选动员或变革动员，是在野党的宣传鼓动。而庄周的殆矣、难矣、疲困矣、危险矣的理论，是谨慎哲学、后退哲学、保命即绝对不冒险的哲学，一慢二看三也不一定通过的哲学。许多情况下，奥巴马的说法是鼓舞人心的，但是他掌权以后，调子未必如此之高，免得将了自己的军。庄子的说法嫌太消极，但是在特别恶劣的处境下，不失为一种耐心与等待的成熟。

第二段是突然来一段为善无近名，为恶无近刑。这与知不知，生短知长有什么关系？应该仍然是对于人生短暂的遗憾。一方面人生如此短促，一方面报应或回报如此缓慢，您再不养生，还能明白点什么呢？而如果你猴急猴急，还怎么养得了生呢？

第三段正面讲养生。他提出了保身全生养亲尽年的理念，这样的理念确实不如成仁取义死谏死战的理念崇高，也不如殉情、殉道、殉事业者火红浪漫，但总算是初步体现了一种对于生命的珍视，尤其在那个征战如火，而人命如草芥的时代。

庖丁为文惠君解牛，手之所触，肩之所倚，足之所履，膝之所踦，砉然响然，奏刀騞然，莫不中音，合于桑林之舞，乃中经首之会。

屠夫庖丁宰完了牛，把牛大卸八块，不费什么力气，手一摸，肩一靠，脚一踏，屈一腿而跪，膝盖一顶，稀里哗啦，

嘁哧嚓哧，刀进刀出，节奏如歌如舞，恰恰踩中了点儿。

庖丁解牛的故事脍炙人口，手肩足膝，触摸、倚傍、站立、压膝，都像那么回事，庄子写宰牛，是有生活依据的，是有普遍意义的，不仅是庖丁，谁来屠宰也要触倚立踦。庖丁的特点在于将劳动艺术化音乐化舞蹈化浪漫化与诗化了，他宰牛的响动如同奏乐，读到这里似乎听到了它的清脆利落，咯咯作响。劳动而有节拍，合乎乐律舞律，让人陶醉享受。这样的描写，正是马、恩预言了共产主义社会中劳动不再是谋生的需要，而成为乐生的首要因素的例证。或者用另一个中国化的词儿来说，庖丁的宰牛，已入化境。歌颂鲲鱼鹏鸟的庄子，突然能这样地歌唱一个未必雅致的屠宰劳动，而且描写得这样出神入化，值得赞美。

把劳动艺术化，这也是当年苏联小说喜爱的一个主题。我就读过大概是纳吉宾的一篇这样的小说，说是一个泥瓦匠，他砌成的壁炉（苏俄应是火墙）烧起火来能发出小提琴的音响。写得很夸张也很迷人。迷人，是庄子的与众不同的文风的力量所在。

文惠君曰：『嘻，善哉！技盖至此乎？』

庖丁释刀对曰：『臣之所好者道也，进乎技矣。始臣之解牛之时，所见无非全牛者。三年之后，未尝见全牛也。』

主人文惠君说：好棒啊，你的技术都到了出神入化的程度了呀！

庖丁放下刀回答说：在下追求的是大道，它已经比技术问题超越了一步，前进了一步。想当初，我宰牛的时候，看到的都是整个的牛，干了三年，再也看不到整牛啦。

这里的讨论立马进入了形而上的道的层面，而不是停留在技（巧）层面。现象上这是技，叫做雕虫小技，反映的却是大道。应该叫『无间道』。如老子所说：『天下之至柔，驰骋天下之至坚。无有入无间。』

从表面来看，牛是无间的，一条牛不会到处露着缝隙空当，无间之牛，即是全牛整牛，这里的全牛是完牛、整牛、无间之牛的意思，这时的牛具有它的全部牛性，皮毛肉骨筋腱俱全，是没有间隙可以下刀的，是庞然大物，是无懈可击的对手、对象。物质的形而下的世界是靠五官来看视触摸操刀解之的。但是富有形而上思维的道性的此位庖丁先生，却很快超越了对于解牛的形而下阶段，感官反射的阶段，而进入了以神遇而不以目视的阶段，这是一个理想的阶段、浪漫的阶段，举重若轻，游刃有余，迎刃而解（这八个字即是来自《庄子·养生主》的，已经成为我们民族的一种文化心理格式），以天下之至柔，驰骋天下之至坚，以无有入无间，这是解牛的化境，这是修齐治平的化境，这也变成了养生的化境。

应该说，这还是对敌斗争、战争的大道，要战胜敌手，就要将敌手视为可以分割、可以解析、可以从无间中拣出觅出无数的、有余的间隙的工作面、工作对象。本身是完整的，是全神贯注的，是以神遇、如有神助的，而对手只是具体的几个块块、几个疙瘩、几个局部、几个即将土崩瓦解的松散结构。这种说法妙极。

『方今之时，臣以神遇而不以目视，官知止而神欲行。依乎天理，批大郤，导大窾，因其固然，技经肯綮之未尝，而况大軱乎！良庖岁更刀，割也；族庖月更刀，折也。今臣之刀十九年矣，所解数千牛矣，而刀刃若新发于硎。彼节者有间，而刀刃者无厚；以无厚入有间，恢恢乎其于游刃必有余地矣。是以十九年而刀刃若新发于硎。』

如今呢，在下宰牛全凭综合感悟而不必靠睁大了眼睛，器官知道该在哪儿停顿，精神明白什么地方应该继续行进。按照天理——公认的无可置疑的理路、纹理，将刀劈进大窟窿，捅进大缝子，依据的是牛本身的天生结构特性，就是牛身上最最筋头巴脑、盘筋错腱的地方也难不住我的刀的推进，更何况那大大的骨头棒呢。一个好厨师，一年换一次刀，他用的是割肉法，一般一点的厨师，一个月换一次刀，他用的是砍切骨头法。而在下的刀已经用了十九年啦，我宰牛达到了几千头啦，而刀就像新磨砺出来的一个样。

又一段格言警句：牛的骨节之间有缝子，而锋利的刀刃的厚度接近于零，以锋利的近于零厚度的刀刃，伸进明显的缝隙之中运行，宽宽敞敞，叫做游刃有余，这样，十九年了刀刃自然是锋利如新！

编纂的章节命名为『养生主』，庄子通过文惠君之口说的也是『闻庖丁之言，得养生焉』。其实万事万物莫不如此。世上并无易事，你想做好一件事就像庖丁想把牛肉与牛骨解——卸离一样，到处是硬骨软腱，是筋头巴脑，是皮革毛层，无处下刀，下刀则毁。但是你如果掌握大道，也就是掌握一切自然之理自然之分析，叫做掌握天理，掌握一切关节接触之处的恢恢有间，目无完牛，只见得刀路之现成、之宽敞明亮，之不必费力不必寻找，稀里哗啦，一齐活啦。

天下本无难事，看你会不会。万事同理。那么大一个大门，同时踢进二十球也挡不住，你这个队太差才不进球嘛。你那么大权力，那么多资源，那么多人才，你本应政绩如鲜花着锦，烈火烹油，除非你干得太差，才搞得不作为，挨足了骂！世界上有那么多能源，人类的需要本来有限，是人类没有出息，才会出现什么能源问题……

这是理想，这是美梦，这是人类的劳作与行为的最高级状态，是熟能生巧，是会者不难难者不会，是掌握了客观规律，如入无牛之境，一般说是如入无人之境，无障碍，无麻烦，无歧路，无浪费，无劳费力。

其实我们也可以举出其他的例子，比如杂技家的走钢丝，常人吓破了胆，而越是大家越是好演员越会走得轻松愉快，对于这样的杂技家来说钢丝恰如坦途，不但可以走过去走过来，还可以在钢丝上倒立，可以假作欲坠状、失足状，作足噱头，赢足掌声。

庖丁怎么做到了这一步了呢，怎么修炼成了这样的道行了呢？庄子没有说。其实除了游刃有余之类的模式，我们的传统文化中也不乏另外的格局：勤学苦练，夏练三伏，冬练三九，拳不离手，曲不离口，吃得苦中苦，方为人上人，劳其筋骨，饿其体肤，书山有路勤为径，学海无涯苦作舟，等等。

『虽然，每至于族，吾见其难为，怵然为戒，视为止，行为迟。动刀甚微，谋然已解，牛不知其死也，如土委地。提刀而立，为之四顾，为之踌躇满志，善刀而藏之。』

其实庄子在讲完了庖丁的神乎其技其道之后，也觉得要找补一下，全面总结一下：『虽然，每至于族，吾见其难为，怵然为戒，视为止，行为迟，动刀甚微……』庖丁也有另一面，叫做难为——充分估计困难，叫做怵戒——有所警惕，有所自我控制，叫做止迟——放慢速度，拿捏斤两，叫做精微——仍然是心细如发，现在仅仅细如发已不够用，要微至纳米。这样的心态现在更习惯的用语叫做戒慎恐惧，戒是控制自己不敢放肆；慎是小心翼翼，不敢粗心大意，必须集中注意力；恐是处于紧张状态，时刻提醒自己到了最危险的时候；惧是想到一切风险，做好不成功的预案。正因为

做到了戒慎恐惧，下边才是『谍然已解』，稀里哗啦牛已大卸八块，而『牛不知其死也，如土委地。提刀而立，为之四顾，为之踌躇满志，善刀而藏之。』

明明是艺术夸张，写得却滴水不漏，甚至不忽略解完牛即将牛大卸八块之后庖丁踌躇满志与善（珍爱）刀而藏之，而收好。顺便说一下，庖丁解牛就是宰完牛后将牛大卸八块，而大卸八块是我的河北老乡骂人咒人最狠的话。把屠宰艺术化，不知是否把凶狠艺术化，这可能是庄子不小心碰上的一个命题。他底下说『牛不知其死也』，客观上有点黑色幽默。原来善杀者利落起来，被杀者不知其死，如林彪名言：脑袋掉了不知道怎么掉的。这未免给人以毛骨悚然之感，只是不知道林彪在温都尔汗折戟沉沙之时是否知道自己的脑袋是怎么掉下来的。

庄子的养生也不像前面分析的只是认㞞，只是吗也不干，他树立的是庖丁这样的标杆，常人难及，既能高明熟练无懈可击，又能轻松快乐，养生娱生，这敢情好！

好则好矣，你够得着吗？不必绝对，一生中有那么一两次你能举重若轻，你能庖丁解牛，你能迎刃而解，你能宰牛而使牛不知其死，你已经是一等一名，你已经超凡拔俗，你已经不受邪祟，你已经立于不败之地，很可以飘飘然这么一把，也算悟道得道用道，也算不枉为中土人物了！

文惠君曰：『善哉！吾闻庖丁之言，得养生焉。』

公文轩见右师而惊曰：『是何人也？恶乎介也？天与，其人与？』曰：『天也，非人也。天之生是使独也，人之貌有与也。以是知其天也，非人也。』

这才归结到养生上，要没有这里的文惠君的此话，还以为是讲屠宰、讲劳动的技艺要炉火纯青呢。为什么这就是养生呢？师傅领进门，修行在个人喽。

突然说起一个假想人物，他受到刖刑后只剩了一只腿。公文轩见到一个只有一条腿的人右师，吓了一跳，问道：这是什么人啊？怎么只剩下一条腿？这是天生的吗？这是人为造成的吗？说道：天生的，不是人为造成的。就像人的长相，不都是天生的吗？长相是天生的，双腿或单腿也是天生的呀。

可以假设这是公文轩的自问自答，也可以设想是另有什么人作答，这并不重要。重要的是本文要宣讲的是一切皆天生的观点。受刑也好，杀头也好，都是命，都是天生。受刑的原因可能多种，不论是由于本人错误、疏失、受诬、中计、入局，而这些原因又有其原因，如任性、骄傲、施刑者的残暴、做局与使计者的恶毒……这些原因继续追索下去，就都成了无法解释的命运、巧合、该着（读zháo），最后都必然使得他丢掉一条腿，都成了无法预防和改变的天意，都只剩下了安时顺命一个办法来回应。而说了安时顺命，似乎又回到养生的主题上来了。

值得研究的还有这篇文章的结构，充满跳跃性，空白多多，起起落落，摇曳多姿。

泽雉十步一啄，百步一饮，不蕲畜乎樊中。神虽王，不善也。

沼泽里的野雉，宁愿过那十步一啄、百步一饮、自找吃喝的辛苦生活，也不愿意被豢养到笼子里，养尊处优，神虽旺而不快乐。

这也是讲的养神才能养生，尤其是自由感最养生。吃喝诚可贵，神王（旺）价更高，若为自由故，二者皆可抛。

老聃死，秦失吊之，三号而出。弟子曰：『非夫子之友邪？』曰：『然。』『然则吊焉若此，可乎？』曰：『然。始也吾以为其人也，而今非也。向吾入而吊焉，有老者哭之，如哭其子；少者哭之，如哭其母。彼其所以会之，必有不蕲言而言，不蕲哭而哭者。是遁天倍情，忘其所受，古者谓之遁天之刑。适来，夫子时也；适去，夫子顺也。安时而处顺，哀乐不能入也，古者谓是帝之悬解。』

秦失去吊唁朋友老子之死。哭了三声就出来了。弟子（谁的弟子？多半是秦的弟子而不是老子的弟子，老子似不执教，与孔子大不同）觉得秦先生太简慢了，问他就这么哭几声也算吊唁吗？于是秦先生大发议论，说是原以为老聃也是平常人现在明白了，他可不是凡人啊。吊唁他的人老者如哭儿子，少者如哭母亲，来吊唁的人太多了，难免有溢美之词，溢哀之泣，这样的过分的表现实不符合老子的理念。把个丧事搞得太过，就不合天然天意天心了。老子人家是应时而来，顺变而去，该来就到，该走就去，什么悲呀喜呀的都不过是表面现象，不影响实质内容。古人认为，人活着有许多痛苦，如被倒悬一般，顺天而去，这才是上帝解除了你的倒悬之苦呢！

这一段的所谓『哀乐不能入也』之语，非常有名。哀乐不入，与老子的更动人的所谓宠辱无惊，都是一个人的修养到了顶峰的表现，叫做刀枪不入，金刚不坏之身了，变成了特殊材料制成的啦。

但整段描写却不无生硬乃至矫情。死而泣之，生而喜之，这其实也很自然，就连一个动物也是如此，羊临屠也会落泪，牛临屠也会悲鸣，人之常情、羊之常情、牛之常情、万物之常情，何必费如许多的言语去辩驳呢？另一方面说，哀乐莫入，不可能是毫无哀乐之分辨，倒是哀而不伤，乐而不淫更实在。人是会哀的，也是会乐的，有哀有乐，才是人生，

自我能够调节，哀乐毕了，还得好好活下去，该干啥得干啥。不能因哀而伤身，而导致心理疾患，不能因乐而狂躁，而导致妄自尊大。哀这么几天也就该平复了，乐那么几日也就该冷静下来了，这也就行了。

庄子也是极而言之罢了。

说到这儿本来点评已经可以结束了。但是我们可以进一步琢磨一下，说哀乐不能入于心，没有人会不佩服，不赞成。说到生死的事太冷静了则嫌矫情，这反映了理论与实际、原则与细节方面的不可能完全一致。

也可以说，人们对于自身精神境界的期盼，往往会偏于理想化，希望自己很高明，很大气，很坚强，很纯洁。哀乐莫入，当然好，没有这样的修养、功夫、道行，还算什么得道。还算什么至人、真人、神人？但生活又是具体的，人有生老病死，情有喜怒哀乐，事有悲欢离合，运有祸福通蹇，谁能绝对地无动于衷？谁能永远地槁木死灰？哀乐莫入是标杆，哀而不伤是通变，这就叫好自为之。

指穷于为薪，火传也，不知其尽也。

薪是有限的，火却可以一棒一棒地传下去。几千年来，薪尽火传，薪火相传，已经变成了耳熟能详的成语。贾平凹说是文学作品成了成语，是伟大成就。一本《庄子》，成就了多少成语，成就了我们民族的思想与表达方式，太了不起了。

指即脂？是不是指天下，前头不是说过：天下者一指也？这并不重要。倒是薪火之喻又通俗又深刻，耐人寻味，感人至深。世界上既有不断生生灭灭的万物，也有一棒棒传递下去以至于无穷的火苗、大道、智慧、觉悟、理念与真理。

如果着眼于熊熊燃烧的光明之火，也就可以不必为某一根薪柴的燃尽而过度悲伤，而虚无主义，而消极悲观。火种不会熄灭，火焰美丽依旧，无穷的生生灭灭造成了光辉的火焰的恒久永存，可歌可泣，可赞可叹，可悲可喜，壮哉伟哉，哀哉痛哉！你想终极眷顾吗？你想明哲智慧吗？你想悟道成佛吗？你想养生欢喜吗？你想哀乐莫入吗？就从观察与思考这样一个薪尽火传的现象做起吧。

诗曰：

灭灭永无灭，传传犹更传，灭传皆是道，传灭任天然！

薪尽火无尽，火传生意传，六合共三界，光明在心田！

何愁薪渐尽，应念火恒传，海陆山峰谷，代代火相连！

薪柴香四海，火炬照九寰，光照普天下，温热留人间！

薪柴期化火，火种寻薪燃，燃罢养巨树，火在薪岂寒？

庄子的养生与今天的养生啊卫生啊大有不同。今天的养生概念，偏重于生理方面物质方面，包括医疗保健、饮食营养、体育运动、生活方式，等等，与这样的养生观相比较，我们几乎可以说庄子侧重的是心理养生，或者将庄子的养生主称为『养神篇』。

第一，庄子将养生视为价值论的一个组成部分，今天的人所说的养生，则属于实现价值的手段。庄子将养生视为人生观中的一个重要的直至首要的价值追求，有它的切实感，即脚踏实地的感觉，当然还缺乏崇高感。正常情况下，

你总应该善待生命，求其天年。说得通俗一点就是，你既然是个活人，就要活得好，而不要做不利于生命、戕害生命的事。

第二，他告诉我们不要以有涯穷追无涯，不要总是处于一种捉襟见肘、疲于奔命、力不能及、勉强挣扎的状态。作为生存状态，庄子希望人们生活得更加轻松自然一些，此话应算是金玉良言。

第三，他说是不要急，不要急于近名近刑，而要缘督以为经，顺大道而尽天年。

第四，他其实是通过庖丁解牛的故事讲人要善于寻找生存的空间、大道的空间、技艺的空间、利器的空间，成功运作而不损刀折刃，做到游刃有余，迎刃而解，举重若轻，从容有定。

第五，讲安时顺命，一切顺其自然，听其自然。

第六，哀乐莫入于心，达到金刚不坏的最高境界。

第七，讲到薪尽火传，参透生死传灭，成为得道真身。

这些话都有道理，都有心理抚慰、心理治疗与智力高扬、智力追索的价值，更有美言、美文、成语与故事的趣味与幽默、深思与妙悟的价值。喜读庄子的人，读得通庄子的人心胸应该容易豁达，见解应该容易高超，语言应该容易畅快，生活应该容易逍遥。不无小补，直到不无大益。虽然，以此规划全部人生，还差得远。